中国的自由传统

吴钧 ⊙ 著

复旦大学出版社

目录

自序：中国历史演进的自由线索 / 001

第一辑：一种大历史的描述 / 001
第二辑：古典的"限政"思想 / 035
第三辑：社会力量的发育 / 089
第四辑：自由经济的火种 / 149
第五辑：王朝政影录 / 187
第六辑：如何对待我们的传统 / 219

后记 / 235

自序
中国历史演进的自由线索

秦制：事无小大皆决于上

如果我们能够站在高空鸟瞰历史演进的图景，将可以发现，中国秦后社会隐伏着两条相互交织又此消彼长的线索：一条线索为皇权专制的发展趋势，不妨称之为"专制线索"，由于两千年专制体制由秦朝奠定，这一线索又可称为"秦制线索"；另一条线索为社会自治的发育程度，我们叫它"自治线索"，因为传统社会的自治主要由儒家士绅推动，这条线索也可以叫做"儒家线索"。

第一条线索（专制线索）在百年来的历史叙述中已有充分的呈现。一种主流的意见认为，自秦始皇建立大一统的中央集权政制以来，君主专制有一个逐渐增强的趋势：汉代设宰相，"辅翼国家，典领百僚，协和万国"①，相权极重；地方郡守食禄二千石，品秩相当于公卿，且有自辟僚属之权；隋唐时相权一分为三，中书、门下、尚书各执决策、封驳与执行之权，地方的人事权也收归中央，"州郡无复辟署"②；宋代则被视为相权进一步弱化、而君主专制更加发达的时段；明代废除宰相制，皇帝亲揽朝政，君主独裁达到历史高峰；清承明制，"乾纲独断，乃本朝家法"③，专制程度

---

① 班固《汉书·孔光传》
② 马端临《文献通考》卷三九《选举十二》
③ 蒋良骐、王先谦《乾隆朝东华录》卷二八

比之明代有过之而无不及。

根据这样一种描述,如果我们以历史时段(为了叙述的简便,我们省略了魏晋南北朝、五代十国与元代,下同)为横轴,以君主专制程度为纵轴设立一个观察坐标,则可以画出一条不断攀升的皇权专制线索。如下图所示,这种历史叙述认为,中国传统社会的演进就是一个皇权专制程度越来越高的过程。

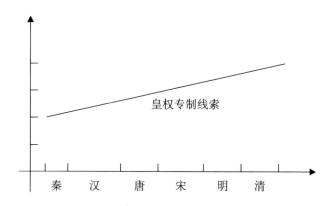

但是,我们不能不指出,这样描绘出来的一条专制线索是错误的,也不符合史实的。谭嗣同说"二千年来之政,秦政也,皆大盗也"[1],作为一种粗线条的历史描述,大致是如此,但如果我们将目光拉近,将发现经儒家改造过的"二千年来之政",其实已经跟法家创立的"秦政"大不相同了。这一点,我们下面会细加分析。现在,让我们从专制线索的起点——秦政制说起吧。

先秦的儒家从来都是反对无条件效忠君主的,从孔子的"以道事君,不可则止"[2],到孟子的"君有大过则谏,反复之而不听,则易位"[3],都表明儒家不承认绝对君权的存在,然而,六王

---

[1] 谭嗣同《仁学》之二九
[2] 《论语·先进》
[3] 《孟子·万章下》

毕，四海一，"灭周祀，并海内，兼诸侯，南面称帝"的秦王朝，却是推行高度集权的法家之制。法家认为皇帝应当"独制于天下而无所制"①，这种"独断"、"独制"、"独擅"的权力观，体现在国家治理架构上，就是"天下之事无小大，皆决于上"，"丞相诸大臣皆受成事，倚辨于上"②。意思是说，天下事不论大小，都由皇帝一个人说了算，大臣不过是皇权的执行机器而已。秦制又主张所谓的"事皆决于法"，给人一种"法治"（Rule of Law）的错觉，但秦制的"法治"更接近Rule by Law，"人主为法于上"③，是拥有绝对权威的立法者，臣民则完全服从于君主之法，"下民议之于下"是绝对不允许的。"皆决于法"跟"皆决于上"，其实乃是同一回事。

汉唐：天下之政不可不归中书

作为专制线索的起点，秦制从一开始就处于君权专制的顶点，很难想象它还有向上突破的空间。事实上，秦朝二世而亡，汉帝国虽然大体上因袭秦制，但高强度的君主独裁已难以为继，汉初几任皇帝都采取"无为而治"的政策，对秦政法"存而不用"，意味着皇权专制的强度大幅度调低了，专制线索在这里出现向下的走势。到汉武帝时代，董仲舒主张"退而更化"，即在秦制大框架下，部分地恢复儒家限制君权的理想与制度，形成所谓"以霸王道杂之"的政治结构。有人认为这是秦制对儒家的招安、儒家对秦制的妥协，但换一个角度看，这何尝不是秦制接受了儒家的改造？

---

① 司马迁《史记·李斯列传》
② 《史记·秦始皇本纪》
③ 《商君书·定分第二十六》

秦制的本质为"家天下",用明末大儒黄宗羲的话来说,即帝王"视天下为莫大之产业,传之子孙,受享无穷"[1],显然,这跟儒家所主张的"大道之行也,天下为公,选贤与能"[2]的"公天下"理念是背道而驰的。秦后儒家无法改变"家天下"的整体格局——我们不能苛求二千年前的先贤能够发明民主制来治理一个庞大帝国——但儒家通过对秦制的改造,还是在很大程度上限制了原来"独制于天下而无所制"的绝对皇权。这主要体现在三个方面:

其一,在法理上,董仲舒提出"屈民而伸君,屈君而伸天"[3]的构想,在一家一姓的皇权之上设置一个更高位阶,即大公无私的"天道",并将"天道"的阐释权夺回到儒家手里。这样,皇帝虽然握有统治天下的主权,但皇权的合法性却归儒家解释。这是儒家对"家天下"性质的有限修正。

今天,经过理性祛魅的人们已经很难想象"天道"这种近乎巫术的政治学说对于皇权的约束力了,但如果我们置身于汉代,就会发现"天道"是受到敬畏的,"天命转移"也确实成了一把悬挂在皇帝头上的达摩克利斯之剑,从汉代君王多次颁布"罪己诏",到两汉政权均终结于"禅让",都显示出"天道"在汉代并不是闹着玩的。也正因为儒家掌握着解释皇权合法性的权力,即使在皇权高度膨胀的明代,万历皇帝欲立心爱的第三子朱常洵为皇储而不能如愿。在儒家看来,立储并非皇室私事,而是"国本"。

其二,在国家治理框架上,汉代形成了君主与儒家"共治天下"的政体。"复古更化"之后,"独尊儒术"的国策为儒家进入政府提供了通道,士人政府取代了秦制的"以吏为师"。汉宣帝曾说,"与

---

[1] 黄宗羲《明夷待访录·原君》
[2] 《礼记·礼运》
[3] 董仲舒《春秋繁露》卷一

我共治者,唯良二千石乎!"这里的"良二千石"就是指具有儒家道德操守的郡守。这是《汉书》中出现的"共治"一词。更能体现"共治天下"制度安排的,是汉代的宰相之制。汉宰相地位极尊,"丞相进见,圣主御坐为起,在舆为下"①,皇帝要给予宰相极高的礼遇。宰相的权力也非常大,汉成帝以"辅翼国家,典领百僚,协和万国,为职任莫重焉"概括宰相的职权。据"汉典旧事","丞相所请,(君主)靡有不听"②。显然,秦始皇时代"天下之事无小大,皆决于上"的君主独裁,已经大大改观。

其三,儒学因为得到推广与普及,也培养出一个庞大的体制外士人群体,这便是汉代的处士、议士与太学生。东汉时,"太学生多至三万余人",民间私学中的士子也是数以万计,这个庞大的士人群体除了少数人得以进入政府,更多的人就成为体制外的议士。东汉末年,由于"主荒政谬,国命委于阉寺,士子羞与为伍,故匹夫抗愤,处士横议,遂乃激扬名声,互相题拂,品核公卿,裁量执政,婞直之风,于斯行矣"③。东汉的"处士横议",是制约君权与政府的重要力量,他们已不同于之前"块然独处"的处士,而是声气相求,结成价值共同体,所以又被视为"党人"。"处士横议"其实也是"共治天下"的另一种表现形式。

当然应该承认汉代的共治政体并不牢固,比如雄猜之主汉武帝首创内朝系统,架空外朝宰相之权;光武帝也倚重尚书台,导致宰相形同摆设。但这种破坏共治政体的非正常安排,对于皇权而言是一柄双刃剑,人主强势时固然可以收尽权柄,人主弱势时则立即太阿倒持。所以,对于汉代共治政体被破坏的后果,与其

---

① 《汉书·翟方进传》
② 范晔《后汉书·陈忠传》
③ 《后汉书·党锢列传》

说它带来了皇权的高涨，不如说它导致了君主专制的高度不稳定，表现在秦制线索上，就是出现强烈的波动。

到了唐代，君权受到的约束更加制度化，其标志就是"制诏"制度的成熟化。唐制，宰相机构由中书、门下、尚书三省组成，中书省主颁发政令，门下省主复核，如不同意政令，有权"封驳"；尚书省则主执行。诏书若不经中书省起草、门下省审署，则不得称诏敕。由皇帝直接下发的手诏，因为没有宰相机构盖上大红公章——"中书门下之印"，被称为"墨敕"、"墨勅"、"墨制"，是缺乏合法性的，也是可能遭到尚书省抵制的。唐中宗经常"别降墨敕除官"，即不经宰相同意，私自提拔官员，结果吏部员外郎李朝隐拒绝执行任命，"前后执破一千四百余人，怨谤纷然，朝隐一无所顾"[1]。

既然诏书的制定权与否决权在法理上归于中书、门下，那么皇帝理当作为超然的主权象征存在，垂拱而治。这也是儒家的一贯主张，《尚书》说："建官为贤，位事惟能，……垂拱而天下治。"孔子也说："昔者，帝舜左禹而右皋陶，不下席而天下治，夫如此，何上之劳乎？"[2]这都表达了儒家的"虚君共治"思想。舜的时代是"公天下"时代，现在已经遥不可及，在君王世袭、无可选择的"家天下"时代，只好退而求其次了。那么"君主虚其位，宰相柄其政"便是儒家设想到的"次优"治理结构，既能折衷体现儒家的"天下为公"理念，也使"选贤与能"的政治理想有了实现的可能。我们可以用二位唐人的奏疏来作注脚，一为陆贽所言："凡有诏令，合由于中书；如或墨制施行，所司不须承受，盖

---

[1] 司马光《资治通鉴》卷第二〇九
[2] 《孔子家语》卷第一

所以示王者无私之义,为国家不易之规。"①所谓"示王者无私之义",隐约含有"天下为公"之意;一为李德裕所言:"宰相非其人,当亟废罢,至天下之政,不可不归中书。"②宰相非其人可废罢,即是"选贤与能"之表现。

有论者以为唐代宰相机构被分解三省六部,正是相权被削弱、君主专制得到强化的佐证。这种论断是不得要领的,成熟的"制诏"制度恰恰显示了唐代皇权专制的空间受到进一步的压缩。由汉而唐,我们认为那条秦制线索尽管时有起伏,但总体上还是向下走的。

两宋:天下治乱系宰相

由唐而宋,诸多论者(包括钱穆先生)更是相信发生了君权高涨、相权低落的制度变迁,理由包括:相权被进一步分割,形成"中书主民,枢密主兵,三司主财,各不相知"③的权力分散局面;宰相上朝失去"坐而论道"的礼遇;君主掌握着政令的最后决定权。但是,如果因此认为宋代的皇权专制程度变得更加厉害,则恐怕有盲人摸象之嫌。恰恰相反,宋代是"公天下"理念为儒家士大夫再三强调、共治政体发展得最为成熟的一个时代,两宋也是君王受到"法度"严格约束的一个王朝。

先来看南宋御史刘黻说的一句话:"天下事当与天下共之,非人主所可得私也。"④在"家天下"时代,这话似乎很是"大逆不道",但实际上,"天下为公"、"共治天下"乃是宋代士大夫的共

---

① 李肇《翰林志》
② 毕沅《续资治通鉴》卷九八
③ 《宋史·食货志》
④ 《宋史·刘黻传》

识,连皇帝也不敢公然否认。南宋初,有位叫做方廷实的御史也告诉高宗:"天下者,中国之天下,祖宗之天下,群臣、万姓、三军之天下,非陛下之天下。"① 南宋宰相杜范也说:"是以天下为天下,不以一己为天下,虽万世不易可也。"② 宋儒是这样要求皇帝的:"端拱于上而天下自治,用此道也"③,意思就是说,君主最好是虚君,垂拱而天下治。皇帝独揽权纲的情况,在宋儒看来,是不正常的,宋孝宗朝因为出现"事皆上决,执政惟奉旨而行,群下多恐惧顾望"的反常情况,太常丞徐谊上书面谏:"若是则人主日圣,人臣日愚,陛下谁与共功名乎!"④ 孝宗皇帝也不能反驳他。

正因为"公天下"、"共治"的政治理念活跃在宋儒的心里,北宋理学家程颐才会理直气壮告诉皇上:"天下重任,唯宰相与经筵,天下治乱系宰相,君德成就责经筵。"⑤ 所谓"天下治乱系宰相",体现在政体上,就是"政事由中书"。具体的施政流程,杜范宰相说得很清楚:"凡废置予夺,一切以宰执熟议其可否,而后见之施行。如有未当,给(给事中)、舍(中书舍人)得以缴驳,台(御史)、谏(谏官)得以论奏。"⑥ 宋儒相信,"权归人主,政出中书,天下未有不治"⑦。换成我们的话来说,即优良的国家治理框架,应当是君主象征主权,宰相执掌国政,虚君实相。

宋儒还萌发了明确的士大夫结党意识。我们知道,在官方政治话语习惯中,"朋党"一直是一个贬义词,跟"朋比为奸"几乎同义,宋代士大夫则开始从正面去解释朋党在政治中的意义,

---

① 《宋史全文》卷二
② 杜范《清献集》卷一三
③ 陈亮《中兴论》
④ 《宋史·徐谊列传》
⑤ 《续资治通鉴》卷三七三
⑥ 杜范《清献集》卷一三
⑦ 《续资治通鉴》卷一六七

范仲淹、司马光、欧阳修、苏轼等都曾或著文或答皇帝问为朋党正名，宋儒也大大方方用"吾党"称呼同道。这种对朋党的新认识，同样为"共治天下"的自觉所诱发。欧阳修在《朋党论》中说，"更相称美推让而不自疑，莫如舜之二十二臣，舜亦不疑而皆用之；然而后世不诮舜为二十二人朋党所欺，而称舜为聪明之圣者。"这背后的国家治理逻辑，就是《皋陶谟》所说的舜"通贤共治，示不独专"、孔子所说的"不下席而天下治"。舜之圣明，即体现在这里。儒家认为，君主的圣明，并不是要表现得多么高明，而是恪守谦抑的美德，任贤与能。所以徐谊才会对"人主日圣，人臣日愚"的情形表示强烈的不满。

这样的"朋党论"与朋党的存在，当然不利于君主独裁，不为专制君主所喜，后世雍正皇帝就特别写了一篇御制《朋党论》，驳斥欧阳修的"异说"，还杀气腾腾说，"设修在今日而为此论，朕必斥之以正其惑世之罪"（清世宗《世宗宪皇帝御制文集》）。

所幸宋代君主都没有太强烈的专制意图，或者说，即使他们有专制之意，也被宋儒抵制住了。虽然，在理论上宋代皇帝保留着最后的决策大权，可以直接颁布圣旨，但在实际的权力运作过程中，宋代已形成皇帝诏书"非经二府者，不得施行"的惯例[①]。"二府"为政事堂与枢密院，是宰相机构。若"不由凤阁鸾台（宰相机构），盖不谓之诏令"，意思是说，如果皇帝绕过政府，直接发号施令，将是不合法的。对这种不合法的"诏书"，臣下则有权进行抵制。宋度宗因为"今日内批，明日内批"，老是绕过宰相机构下发"批示"，破坏"权归人主，政出中书"的惯例，御史刘黻便上了一道奏疏，不客气地告诉皇上：政令"必经中书参试，门下封驳，然后付尚书省施行；凡不由三省施行者，名曰'斜

---

① 赵汝愚辑《国朝诸臣奏议》卷四七

封墨敕',不足效也。"①

宋代官员并不是这么说说而已,而是常常这么做的,比如北宋仁宗朝的宰相杜衍,对皇帝私自发下、要提拔某人当某官的诏书,一概不予通过,"每积至十数,则连封而面还之"。皇帝也拿他没办法,只好称赞他"助我多矣"②。类似的例子在宋代不胜枚举,我们可以再举二例:

宋仁宗想提拔张贵妃的伯父张尧佐当宣徽使(类似于皇家总管),但在"廷议"(类似于内阁部长会议)时未能通过。过了一段时间,仁宗因为受了张贵妃的枕边风,又想将这项人事动议再提出来。这日临上朝,张贵妃送皇上到殿门,抚着他的背说:"官家,今日不要忘了宣徽使!"皇上说:"得,得。"果然下了圣旨任命张尧佐为宣徽使,谁知跑出一个包拯来,极力反对,说这个动议不是前阵子已经被否决了的吗?皇上您怎么可以推翻前议?"反复数百言,音吐愤激,唾溅帝面"。最后仁宗只得收回成命。回到内廷,张贵妃过来拜谢。帝举袖拭面,埋怨道:"你只管要宣徽使、宣徽使,岂不知包拯是御史中丞乎?"③

南宋时,孝宗皇帝是个围棋爱好者,内廷中供养着一名叫做赵鄂的国手,有一次,赵鄂自恃得宠,向皇帝跑官要官,孝宗说:"降旨不妨,恐外廷不肯放行。"大概孝宗也不忍心拒绝老棋友的请托,又给赵鄂出了个主意:"卿与外廷官员有相识否?"赵鄂说:"葛中书是臣之恩家,我找他说说看。"便前往拜见葛中书,但葛中书告诉他:"你是我家里人,依情分我当周全,但实在有碍祖宗法度,技术官向无奏荐之理。纵降旨来,定当缴了。"赵鄂又跑

---

① 《宋史·刘黻传》
② 《欧阳文忠公集》卷三一《杜祁公(衍)墓志铭》
③ 朱弁《曲洧旧闻》

去向孝宗诉苦:"臣去见了葛中书,他坚执不从。"孝宗也不敢私自给他封官,只好安慰这位老棋友:"秀才难与他说话,莫要引他。"①

按说,张尧佐是贵妃的伯父,皇帝的大舅子;赵鄂终日陪皇帝下棋,与孝宗关系极好,他们要讨个官当还不容易?但由于宋代的法度(如祖宗法)、机制(廷议)、政体(政归中书)能够有效限制君主权力,皇帝想要公器私用还是不那么容易的。

除了前述"政归中书"的共治政体与廷议的权力运行机制,对宋代君权构成约束的法度也值得一说,举其要者,可归为三类:

一为"誓约"。据《宋史·曹勋传》及南宋笔记的记述,宋太祖曾立下一份誓约,藏于太庙,要求嗣后皇帝"不得杀士大夫,及上书言事人,子孙有渝此誓者,天必殛之"。我认为这可以理解为宋室开国皇帝与上天的立约,作为祖宗法传之后代,是宋之"大宪章"。宋代帝王也基本上都遵守这一"大宪章",可用苏轼的一段话为证:"历观秦汉以及五代,谏诤而死盖数百人。而自建隆(宋代第一个年号)以来,未尝罪一言者。纵有薄责,旋即超升。许以风闻,而无长官,风采所系,不问尊卑。言及乘舆,则天子改容;事关廊庙,则宰相待罪。"

二为"国是"。这是君主与士大夫集团共同制订的"基本国策",先秦楚庄王曾有"愿相国与诸侯士大夫共定国是"之语,宋代的"国是"也是秉承这一传统而来,用南宋初宰相李纲的话说,"古语有之云:'愿与诸君共定国是'。夫国是定,然后设施注措以次推行,上有素定之谋,下无趋向之惑,天下事不难举也。"② "国是"一旦定下来,对皇帝、对廷臣都有约束力,皇帝想单独更改"国是",

---

① 张端义《贵耳集》
② 《三朝北盟会编》卷一〇五

并不是一件容易的事情。

三为"条贯"、"条例",即一般制度。传说宋太祖曾传令制作一熏笼,过了好几天还不见送来,不禁发了火,问到底是怎么回事。左右说:"这事要先下尚书省,尚书省下本部,本部下本寺,本寺下本局,覆奏,又得旨,走完这些程序,熏笼才可制造,所以慢了几天。"太祖大怒说:"这么麻烦的条贯是谁订出来的?"左右说:"可问宰相"。太祖便将宰相赵普叫来质问:"我在民间时,用数十钱可买一熏笼。今为天子,乃数日不得。何也?"赵普答道:"这条贯不为陛下而设,而是为陛下子孙所设。这样,后世君主倘若想制造奢侈品,败坏钱物,就有台谏约束。此条贯深意也。"太祖转怒为喜,说:"此条贯极妙!无熏笼是小事。"[①]

誓约、国是、条贯,可以说都是限制皇权的立法——至少有限制皇权的成分。这即使不是绝无仅有的,也是在秦后其它朝代所难见到的。事实上,宋代历任皇帝,不管是贤或是不肖,都做不到像前朝秦始皇、汉武帝、光武帝,后世朱元璋父子、康熙、雍正、乾隆那样独揽权纲,倒是大体上能"守法度,事无大小,悉付外廷议"(李焘《续资治通鉴长编》卷一七六)。即使是在戏曲、小说中形象不佳的宋高宗,也是"善守法","不以特旨废法,不以私恩废法,不以戚里废法"[②]。南宋的第三任皇帝光宗,因为昏庸无能、放纵后妃预政,实在不像个皇帝的样子,结果就让士大夫集团"罢黜"掉了。所以我认为,皇权专制线索发展至宋代时,出现了一个明显沉降的走势。

---

① 马永卿编《元城语录》
② 《宋会要辑稿·帝系》

明清：大权一归朝廷

历史的河流流淌到明代，皇权专制的演进轨迹出现了一个急骤的转折点——"政归中书"的共治政体在明代被抛弃，皇权专制程度达到秦汉以降的高峰。

洪武十三年（公元1380年），朱元璋诛杀了权力膨胀的左丞相胡惟庸，干脆废除宰相制，还下发诏书："今我朝罢丞相，……事皆朝廷（其实就是皇上）总之，所以稳当。以后子孙做皇帝时，并不许立丞相。臣下敢有奏请设立者，文武群臣即时劾奏，将犯人凌迟，全家处死。"①宰相的权力被皇帝包揽过来，事无大小，咸决于上。只是天下政事太多，皇帝精力有限，不得不成立一个机要秘书处来协助皇上。这个秘书处，就是"内阁"。此内阁当然跟现代责任内阁完全是两码事，就是跟以前的宰相制相比，也大不相同。明内阁不是政府的领袖，"不置官属，不得专制诸司。诸司奏事，亦不得相关白"②，其职不过是替皇上起草诏书，以及草拟批答奏章的意见稿，时称"票拟"。"票拟"不算正式政令，需要皇帝用朱笔抄正（时称"批红"）之后，才具有法律效力。如此，皇帝既可以减少工作量，又能将权柄牢牢抓在自己手中。

出于监视文武百官的目的，朱元璋及他的子孙又先后设置锦衣卫、东厂、西厂与内厂，为直接听命于皇帝、凌驾于官僚制之上的皇室耳目与爪牙。朱元璋还因为孟子说过"君之视臣为草芥，则臣视君如寇仇"这种藐视绝对君权的话，大发脾气："使此老在今日，宁得免耶！"下令将孟子牌位逐出文庙，取消其配享资格。又尽删《孟子》中所有"非臣子言"的文字，编成《孟子节文》③。

---

① 朱元璋《皇明祖训》
② 《明史·职官一》
③ 全祖望《鲒埼亭集》卷三五

这固然是秦制对儒学的赤裸裸的强暴,又何尝不是反映了儒家与秦制之间的严重冲突。

有意思的是,抢了朱氏江山的满清开国帝王,却对朱元璋推崇备至——也许独裁者总是心意相通的吧。顺治曾问:"汉高祖、文帝、光武及唐太宗、宋太祖、明太祖孰优?"一个叫做陈名夏的降臣回答说:"唐太宗似过之。"顺治告诉他:"不然,明太祖立法可垂永久,历代之君皆不及也。"① 这也就不难理解清要因袭明制了。

当然清廷对明制又有所改造,在保留内阁的同时,将大学士品秩提至一品,授予内阁"掌钧国政,赞诏命,厘宪典,议大礼"的名义②,看起来内阁有点宰相机构的模样了。事实上当然不是,乾隆就很不高兴臣工将内阁学士称为"相国",特别澄清道:"夫宰相之名,自明洪武时已废而不设,其后置大学士,我朝亦相沿不改。然其职仅票拟承旨,非如古所谓'秉钧执政'之宰相也。"③ 清代帝王又先后设立南书房与军机处,作为皇帝的机要秘书处,原来属于内阁的权力实际上已转移到军机处。但军机处同样不是宰相机构,而是不配置府衙、也不设正式职官的皇权附庸,清末的御史张瑞荫说得很清楚,"军机处虽为政府,其权属于君"④。

清代通过对明制的改造,将皇权专制政体推到新的高峰。我们来对比一下:

一、明代的皇位继承,需遵循礼法,朱棣夺了他侄儿的皇位,命方孝孺草拟诏书,孝孺拒不草诏,投笔于地,且哭且骂说:"死即死耳,诏不可草。"朱棣认为他当皇帝是"朕家事耳",但这一"家

---

① 《清史稿·本纪五》
② 《清史稿·职官志》
③ 《清高宗实录》卷一一二九
④ 《御史张瑞荫奏军机处关系君权不可裁并折》

天下"的论调，明儒是不予承认的①。清代的皇帝却发明了"秘密建储制"，实质就是将"国本"当成了皇室的私器，既不受礼法约束，也不容大臣置喙。

二、明代尽管皇权高度集中，毕竟还保留若干具有约束皇权性质的制度，如六科给事中尚有"科参"之权，即皇帝诏书必下六科，给事中如持反对意见，可以驳回；清代虽设给事中，但对朝廷诏旨，已无权封驳。又如，明代尚有"廷推"之制，即中央高官与地方大僚的人选，由廷议会推。部院属官与府县正佐则由吏部择人任命；清代的用人大权，则全归皇帝，已无所谓"廷推"，六部的权力也大不如明代，"名为吏部，但司掣签之事，并无铨衡之权。名为户部，但司出纳之事，并无统计之权。名为礼部，但司典礼之事，并无礼教之权，名为兵部，但司绿营兵籍、武职升转之事，并无统御之权。"②权力集中到皇帝一人身上。

我们知道，在"与士大夫共治天下"的宋代，君主如果断独朝纲，将被视为不可接受的反常，但在清代，却是理所当然的，康熙说，"今天下大小事务皆朕一人亲理，无可旁贷。若将要务分任于人，则断不可行。"③乾隆也说，"乾纲独断，乃本朝家法。自皇祖（康熙）皇考（雍正）以来，一切用人听言大权从未旁假。"④因为看到宋儒程颐有"天下治乱系宰相"之语，乾隆耿耿于怀，特别作了批注："夫用宰相者，非人君其谁乎？使为人君者，但深居高处，自修其德，惟以天下之治乱付之宰相，己不过问，幸而所用若韩（琦）、范（仲淹），犹不免有上殿之相争；设不幸而所用若王（安石）、吕（惠卿），天下岂有不乱者！此不可也。且使

---

① 《明史·方孝孺传》
② 转引自钱穆《国史大纲》（修订版）下册，商务印书馆1996年，第835页。
③ 蒋良骐、王先谦《康熙朝东华录》卷九一
④ 《乾隆朝东华录》卷二八

为宰相者,居然以天下之治乱为己任,而目无其君,此尤大不可也。"[1] 联系朱元璋对孟子的咬牙切齿、雍正对欧阳修《朋党论》的御笔批判,可以看出,专制君主与儒家理想之间的内在冲突,犹如世仇、宿敌。

清代和明代构成了中国历史上两座皇权专制的高峰,而且一山更比一山高。换言之,秦制线索发展到明清两代,陡然高涨。然而,我们又需要看到,这只是一个大体的描述,如果将历史的演化观察得更细致一点,这条秦制线索实际上又有些曲折起伏。

大致而言,废除宰相制之后,明代前期的确出现了皇权膨胀,但随着内阁制的成熟,中枢权力运行形成惯例,皇帝"批红"基本上都采纳内阁"票拟"之意见,且按照惯例,"圣意所予夺,亦必下内阁议而后行"[2]。内阁实际上获得了类似宰相的权力,只不过缺乏宰执的名分。这时候,皇帝如欲独裁,则会被当成不合成例。当然,明代的皇权拥有绝对强势,皇帝越过内阁径自下发中旨的情况也是不少见的,但比之废相初期,皇权专制的烈度已大大降低。

被专制皇权压制下去的儒家"公天下"与"共治天下"的政治理念,也在晚明儒家士子的意识中复苏。东林党领袖顾宪成说:"是非者,天下之是非,自当听之天下。"[3]要求朝廷决策应遵从天下公论,这是对绝对皇权的挑战。事实上,东林党人也是作为一支以天下公论对抗专制皇权的政治力量出现在晚明的朝野。这里还要提醒一下,东林书院,特别是后起的复社,虽名义上为文社,但已发展出近代政党的若干性质,有组织,有会约或盟词,不讳

---

[1] 《清高宗实录》卷一一二九
[2] 《明史·夏言传》
[3] 《顾端文公年谱》

言自己是朋党,公开活动——活动也不仅仅是讲学,而且"往往訾毁时政,裁量公卿",以至于"岩廊之上(指朝廷),亦避其讽议"①。它上承汉代处士、议士、太学生的清议传统,下启晚清政治性"学会"的兴起,显示了近代中国政治革新的内在动力。

明末儒家对专制皇权的反思也达到了新的高度,顾炎武认为"人君之于天下,不能以独治也"②,与儒家的共治主张一脉相承;明代废相后君主专制所产生的诸多政治恶果,更让另一位明末大儒黄宗羲认识到"为天下之大害,君而已矣",为限制君权,应当"公其是非于学校",使"天子亦遂不敢自为是非"③,黄氏设想中的"学校",已具有近代议会的功能;同时代的王夫之甚至提出了"虚君立宪"的构想(严格来说,称其为"构想"并不准确,因为王夫之认为这乃是"三代"已有的古法):"预定奕世之规,置天子于有无之处,以虚静而统天下","以法相裁,以义相制,……自天子始而天下咸受其裁。君子正而小人安,有王者起,莫能易此"④。如果说西汉董仲舒试图用来约束君主的"天道"多少有些缥缈,那么船山先生构想的"预定奕世之规",显然已有了"立宪"的意义。只可惜,明室已倾覆,明儒的君宪思想没有获得去指引建立一个君宪政体的机会。以异族入主中原的八旗部族,所恢复的是专制程度比朱明王朝有过之而无不及的政制,揉合了秦制传统与草原主奴体制。

整个清代前、中叶,在专制皇权的高压下,儒家出现了明显的犬儒化趋势,"思想家淡出,学问家凸显",明辩义理之道消退,训诂考据之学盛行,用清代学者王鸣盛自辩的话来说,即所谓"求

---

① 万斯同《石园文集》卷七《送沈公厚南还序》
② 顾炎武《日知录》卷六《爱百姓故刑罚中》
③ 黄宗羲《明夷待访录·原君/学校》
④ 王夫之《读通鉴论》卷十三、卷三十

道者不必空执义理以求之也,但当正文字,辨音读,释训诂,通传注,则义理自见,而道在其中矣"[1]。"义理自见、道在其中"云云,只是犬儒者的自慰而已,"康乾盛世"下的儒家,哪里敢阐发约束绝对君权的义理呢?

晚清:君主立宪呼之欲出

不过,到了晚清之世,随着政治高压的减弱、民间力量的增长,以及西方宪政学说之东渐,晚清儒家对反专制的义理阐述又发展出新的境界。我们来看看谭嗣同在《仁学》中的说法:"生民之初,本无所谓君臣,则皆民也。民不能相治,亦不暇治,于是共举一民为君。夫曰共举之,则非君择民,而民择君也。……夫曰共举之,则且必可共废之。"这是谭嗣同在运用儒家的语言与知识阐发"权力让渡"、"君由民选"的道理。我们很难区别清楚谭嗣同的这句话,有几分是受到西学的影响,又有几分来自传统儒学的熏陶。显然,这里既有对"天之生民,非为君也;天之立君,以为民也"[2]之先秦儒家思想的继承,也有西学东渐背景下对儒学传统中"限政"因素的新发现。

在晚清的思想界,有一个现象是值得注意的:当儒家有机会了解到西方民主宪政政治的运作之后,并不认为那是化外蛮夷的落后之制、不可思议的异己之物,恰恰相反,他们对于西宪有一种"众里寻他千百度,蓦然回首,那人却在灯火阑珊处"的亲切之感,他们从西宪中发现了儒家追求的"三代之治"的熟悉身影。他们相信,先儒的政治理想跟西方宪政实践是共通的,如薛福成

---

[1] 王鸣盛《十七史商榷》
[2] 《荀子·大略》

说,"唐虞以前,皆民主也。……匹夫有德者,民皆可戴之为君,则为诸侯矣。诸侯之尤有德者,则诸侯咸尊之为天子。此皆今之民主规模也。"秦制的建立却导致"天下为公"变成了"天下为私","秦汉以后,则全乎为君主矣"[1]。儒家理想"无可奈何花落去",但西宪让儒家看到了"似曾相识燕归来"的景象:西宪"推举之法,几于天下为公,骎骎乎得三代之遗意焉。"[2] 这句话是徐继畬说的。徐曾将英国的下议院翻译为"乡绅房",这个译法很有意思,它赋予"议院"这个陌生的概念一种中国人熟悉的意象,也体现了儒家知识谱系与西方宪政学说之间的"曲径通幽"之处。

从学术的角度来看,薛福成、徐继畬等人对于西宪的儒家式解读可能谈不上严谨,至少比清代前期的训诂之学要"轻率"得多。然而,晚清儒家对儒学与西宪的融通性解释,作为一种既存的历史现象本身,即可证明后世启蒙话语认为的儒家传统与现代政治格格不入的观点,是不尊重晚清儒学演进之历史事实的。

满清统治者对西宪的接纳,在时间上远远落后于晚清儒家的觉悟,要等到庚子国变后,清廷才半推半就地展开政治层面的革新。不过,在儒家立宪派士绅的推动下,朝廷承认"庶政公诸舆论"[3],立宪列入新政日程表,国会与责任内阁的诞生指日可待,地方自治的训练次第展开,作为议会准备机构的谘议局(地方)与资政院(中央)相继设立……一个与皇权专制大不相同的君主立宪政体呼之欲出了。只可惜,由于新政推行时机的延误,越来越焦灼的变革诉求已经对清王朝缺乏耐心了。君宪未成,革命已起,最后,这个打算立宪的王朝连同帝制,终结于辛亥年底。不

---

[1] 《薛福成日记》,吉林文史出版社2004年,第712页。
[2] 徐继畬《瀛寰志略》卷
[3] 1906年清廷《预备仿行宪政》上

过这不影响我的一个判断：两千年秦制线索在走到即将被埋葬的时候，其专制程度居然是处于帝制时代的历史最低点。

现在，还是以历史时段为横轴，以专制程度为纵轴，可以画出一条更贴近历史真实的皇权专制线索了：

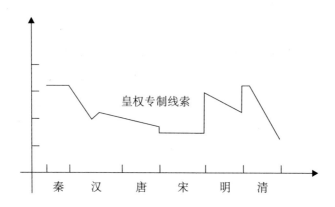

儒家反专制的理念与统治者扩张权力的本能，分别从相反的两个方向拉动专制线索，两股力量此消彼长，使得这条专制线索的走势呈现此起彼伏之态——法家建构了高度发达的皇权专制，但秦亡后，秦制的专制权力不得不有所收缩，以董仲舒"复古更化"为标志，从此之后，统治者的政统被置入儒家的道统之下，国家的治理权也由儒家士大夫分享。总的来说，从汉至清，当皇权愿意接受儒家政治哲学的塑造时，比如宋代，王朝的专制烈度就会降低；而当儒学无力左右皇权的运作时，比如明清前期，王朝的专制程度则会加剧。

正因为秦后的皇权发展，并不是完全按照法家设计在"独制于天下而无所制"的专制高位上进行，而是在儒家的改造下调低了专制的强度，中国历史演进的另一条线索——表示社会力量成长史的自治线索才获得了伸展的空间。

秦制下的制民之术

在严格的秦制之下,是不允许存在什么"社会力量"的,当然也就更谈不上有什么"自治"了。法家设计的专制权力体系,涵盖了在国家治理层面的君王"独制于天下而无所制",以及在社会治理层面的"制民"之术,用商鞅的话来说,就是"昔之能制天下者,必先制其民者也;能胜强敌者,必先胜其民者也"(见《商君书·画策第十八》,本节所引文字,除另有注释外,均引自《商君书》)。

秦制(法家)的"制民"之术,概括之主要有三:

其一,消灭、削弱社会的自生力量与自发组织,包括:

1、穷民、愚民、弱民。商鞅认为,"民有私荣,则贱列卑官,富则轻赏","贫则重赏",意思是说,臣民有了财产,就会不在乎国家的赏赐,不那么听国家的话;商鞅又说,"民愚则易治也";"民弱国强,国强民弱,故有道之国,务在弱民",总而言之,要防止臣民获得抵御国家权力的力量。

2、压制"五民"。五民为《诗》《书》谈说之士(儒生)、处士(隐逸)、勇士、技艺之士(手工业者)与商贾之士。这五类人是秦制社会的异己分子与不安定因素,如果受到器重,则会导致臣民"轻其君"、"非其上"、"轻其禁"、"议其上",挑战国家权威,所以他们必须列为重点打击的对象。后来的韩非子也将儒家、游士、游侠、依附贵族私门之人及商人,归纳为国家必除之而后快的"五蠹",因为五蠹之民不容易控制。

3、排斥良民,任用奸人。商鞅说,"以良民治,必乱至削;以奸民治,必治至强",是不是有些不可理喻?原来商鞅敏锐地观察到,"用善则民亲其亲,任奸则民亲其制",意思是说,如果任用良民,则社会将产生和睦之家庭,成为妨碍国家权力进入的小堡垒,而任用奸民,民间的亲缘纽带就会被消解掉,人们会觉得爹亲娘亲,不如秦制亲。

4、限制贵族势力。商鞅规定,"宗室非有军功论,不得为属籍",贵族无军功不授爵;又"集小乡邑聚为县,置令、丞",贵族丧失了对地方之控制权。后世论者多认为这是进步,体现了某种平等的精神。其实我们更应该注意,贵族恰恰是当时制约王权的最重要力量,贵族势力的弱化与消失,等于推倒了通往皇权专制路上的最大挡路石。

5、瓦解宗法组织。秦国强制推行分户析居的政策:臣民"不得族居";"民有二男以上不分异者倍其赋";"父子兄弟同室共息者为禁"。国家只允许小型家庭存在,其目的是摧毁周制下的宗法与家族,使社会高度原子化,个人直接暴露于国家权力控制网络之中。灭六国后,又"徙天下豪富于咸阳十二万户"[1],将六国残余贵族与富商置于皇权的近距离监视之下。

其二,给臣民设定单一、划一的社会生活程序——"入令民以属农,出令民以计战"。凡不利于农战的社会生活尽可能删除掉,包括:

1、"声服无通于百县"。什么意思?就是说,禁止奇装异服与靡靡之音在各个郡县流行,这样,农民就不会受到诱惑,从而一心一意为国家种田。

2、"废逆旅"。即取缔私营旅店业,这样,"奸伪、躁心、私交、疑农之民不行,逆旅之民无所于衣食,则必农",即老老实实呆在土地上为国家生产,不给国家制造麻烦。

---

[1]《史记·秦始皇本纪》

3、"无得取庸"。意思是说，臣民不准雇用佣工，这样，懒惰之人就无法偷懒，佣工也将找不到混饭的地方，于是他们就会去务农。

4、"贵酒肉之价"、"重关市之赋"、"使商无得籴，农无得粜"。即提高酒肉的价钱，对商业课重税，取消粮食交易市场，这样，商人就会对前途失去信心，农人就不敢经商。

5、"壹山泽"。国家垄断矿产、铸铁、煮盐等工业，这样，不仅可以断了游手好闲之民除了务农之外的谋生路，而且国家也能坐收山泽之税。

其三，强化国家对社会的控制，国家权力无孔不入，包括：

1、废礼治，立"法治"，令"天下之吏民，无不知法者"。有论者以为这是从人治到法治的进步，未免有自作多情之嫌，法家的"法治"，其目的是维护君主的绝对权威，将全体吏民纳入法网的控制之中；其实质是以严密的成文法取代"三代"以来的判例法与礼俗（习惯法）之治，如果说判例法与习惯法天然地有利于形成独立于王权的司法体系，法家推动的国家立法则摧毁了司法独立的可能性。

2、编户齐民。"四境之内，丈夫女子皆有名于上，生者著，死者削"，即全体臣民必须登记户口，生了孩子或死了人，都必须向官府报告。

3、什伍连坐。"伍"指五家，"什"为五十家，什内"相牧司（举发）连坐"，人人有告奸之义务，"不告奸者腰斩，告奸者与斩敌首同赏，匿奸者与降敌同罚"。

4、"舍人无验者坐之"。人民不得已外出住店，必须持官方开具的介绍信，否则客人与店家一块治罪。这里顺便一提，商鞅后被秦国通缉，逃亡至关下，欲投宿，店家不知他是商君，说："商君之法,舍人无验者坐之。"商君喟然长叹:"嗟乎,为法之敝一至此哉!"① 这就是成语"作法自毙"的来历。

5、设里亭制。郡县之下置乡,乡下置亭(警察系统的末端)、置社(意识形态系统的末端)、置里(行政系统的末端),"乡有三老、有秩、啬夫、游徼。三老掌教化。啬夫职听讼,收赋税。游徼徼循禁贼盗……皆秦制也。"② 这是一个可怕的社会控制系统:国家权力的神经末梢伸入社会最底层——里,里是五十户家庭的编制单位,跟什伍制的"什"重合,换言之,在国家行政末端——里的下面,又以什伍连坐、编户齐民将每一个家庭、每一个人都置于国家法网的监视与控制之下。即使是个别脱离了户籍地控制网络的旅人,也将受到"投宿实名制"的监管。这种国家权力无孔不入的体制,我们不妨称之为"类极权"体制。

毋庸讳言,"类极权"体制的国家动员力是非常惊人的,秦人如同国家的生产机器与战争机器,在权力命令的驱使下,荡平六国;在统一海内之后,秦王朝不过2 000万人口,却能役用40万人筑长城,50万人戍五岭,70万人建皇陵,70万人修阿房宫。不少论者认为古代专制统治技术不发达,所以才形成秦后社会"皇权不下县"的格局,但秦国在法家主持下建立起来"类极权"体制,却向我们展示了不可思议的统治技术:不是"不发达",而是高度发达。

汉代对社会的修复

显而易见,秦制"类极权"体制,与自"三代"以来社会自

---

① 《史记·商君列传》
② 《汉书·百官公卿表上》

发的、内在的礼俗秩序为敌,与国民的日常生活为敌,与人性中善的本能(人有四端)为敌,与人对结群(群之可聚也,相与利之也)、对伦理(亲其亲)、对自由(帝力于我何有哉)的需求为敌,它注定是无法长久维持的。果然,秦坑未冷山东乱,不可一世的秦帝国在陈胜、吴广揭幕的民变及六国残余贵族的反抗之下迅速覆灭。

汉初,朝廷推行与民休养生息的"黄老之治",国家放弃对社会的干预,社会力量也藉此获得了发育与成长的空间,其中的一个标志就是商人阶层迅速崛起。尽管汉高祖曾执行过"令贾人不得衣丝乘车,重租税以困辱之"的抑商政策[1],但到了孝惠帝与吕后主政时代,"复弛商贾之律"[2],国家对商业松绑,文帝又"弛山泽之禁"[3],开放山林川泽,准许民间自由开矿、煮盐。

说到这里,我们应当重温一遍司马迁的自由经济思想。他说,"物贱之征贵,贵之征贱,各劝其业,乐其事,若水之趋下,日夜无休时,不召而自来,不求而民出之"[4],这句话意译一下,大意是说,市场自会形成优良的交易秩序,不必劳驾政府去引导、规划。因此,司马迁认为,对于市场,最高明的政府应当放任自流,其次是加以引导,其次是教诲之,再其次是运用权力进行整顿,最坏的政府则是与民争利("故善者因之,其次利道之,其次教诲之,其次整齐之,最下者与之争"[5]。太史公之识,可比亚当·斯密,他的《货殖列传》,有《国富论》之精神。

汉初实行的经济政策大体上便是"善者因之",民间自发形

---

[1] 《史记·平准书》
[2] 《史记·平准书》
[3] 《史记·货殖列传》
[4] 《史记·货殖列传》
[5] 《史记·货殖列传》

成的市场经济于是有了机会显示出它的活力,一批具有商业天才的平民通过"积贮倍息"或者"坐列贩卖"先富起来。《史记》说"汉兴七十余年之间","网疏而民富","网疏"就是国家放松了管制,"民富"则可视为社会复活的体现。一些巨商大贾甚至"因其富厚,交通王侯,力过吏势,以利相倾,千里游敖",为当时的朝廷所警惕。

站在专制皇权的立场,一个强大的商人阶层的存在,当然不利于国家权力对民间社会的掌控,但我们从限制皇权的角度看,自由经济产生的"交通王侯,力过吏势"的巨商大贾,有利于在社会中催生出一个能够抗衡皇权及其代理人集团的阶级。然而,就如秦制线索的发展受到儒家的约束,社会力量的成长也受到国家权力的压制。西汉最有独裁倾向的汉武帝一改"放权让利"之政,采取"国进民退"之策,在法家桑弘羊的主持下,将天下盐铁收归国有官营,恢复法家的"壹山泽"路线,又推行算缗、均输、平准之法,"算缗"是针对商人课以高税率的财产税,"均输"是由官府经营长途运贩业,平准则由官府充任商品批发商,据说初衷是为了"平抑物价"。总而言之,汉初的自由放任经济被"整齐之"乃至"与之争"的国家统制经济替代了。

经济统制的结果,不仅是民间商业凋零,百姓苦不堪言,物价也得不到平抑,"未见准之平也",而且,商人纷纷破产,"商贾中家以上大抵破"[①]——一个孕育中的资产阶级被国家权力扼杀掉了。

儒家虽然对唯利是图的商人没有好印象,但从来反对国家与民争利。汉武帝登基之初,问策天下贤良,董仲舒上"天人三策",其中他说,"官员已有国家支付薪俸,不可再经营产业、与民争利。朝廷应明令禁止官员经商,士大夫应当严格遵守之。这样,利可

---

① 《汉书·食货志》

均布，而民可家足。"① 汉武帝的盐铁诸政是国与民争利，比官与民争利更恶劣，所以遭到以"贤良文学"为代表的儒家激烈反对，武帝去世后，"贤良文学"曾跟当权派展开一次盐铁大辩论，董仲舒晚年也上疏要求朝廷将"盐铁皆归于民"②。

从太史公的《货殖列传》，到董仲舒与"贤良文学"的盐铁论，再到北宋时司马光等保守派对王安石变法的批评，我们可以发现：儒家反对与民争利之经济主张跟古典自由经济思想之间有某种暗合之处。

儒家当然也反对国家权力对社会自治空间的完全占领，儒家重伦理、宗法、宗族，乃至赞同"为父绝君，不为君绝父"③，天然地具有认同小共同体自治的倾向。而小共同体的存在，恰恰是社会得以形成的先决条件，无会社，便不可能有社会；有会社，方有可能生成社会。以血缘和宗法联结起来的宗族组织，无疑是古典时代最为重要的社会治理共同体，也是社会自治的发育基点。我们知道，秦代为防止出现挑战国家权力的大族，强制分家析户，并以国法摧毁伦理（如鼓励亲人之间相互"告奸"）、取代宗法。汉兴之后，虽然朝廷屡有打击豪富之举，但经过董仲舒的复古更化，儒学获得"独尊"地位，士人集团渐渐崛起，宗族组织也因而得到重新建构。到了东汉、魏晋时期，士人宗族更是发展成可以跟君王一争短长、跟国家分庭抗礼的士族门阀，甚至出现"百室合户，千丁共籍"的宗主督护制。

汉代士人对宗族的修复与再造，实际上开启了荒芜一片的秦后社会的重建进程，在宗族组织的蛋壳内，社会的部分自治功能

---

① 《汉书·董仲舒传》
② 《汉书·食货志》
③ 郭店楚简《六德》篇

得到发育。汉代的民间自我救济机制就是在宗族组织中产生的,一部叫做《四民月令》的东汉农事家历记载了汉时宗族内部互助的情况:三月青黄不接之际,宗族领袖当"赈赡穷乏,务施九族,自亲者始";九月天气渐凉,要"存问九族孤寡老病不能自存者,分厚彻重,以救其寒";十月,五谷入仓,"同宗有贫窭久丧不堪葬者,则纠合宗人,共与举之";此外,还令族人"缮五兵,习战射,以防寒冻穷厄之寇",负起保卫乡里之责。宗族所提供的救济,不仅限于本族成员,也惠及地方社会,东汉时,不少豪族"家富好施,赈赴穷急",因而"乡族皆归焉"[1]。而在南北朝兵荒马乱之世,假设没有强宗大族结成自治的坞堡,地方社会必将随政权的颠覆而倾覆。整个魏晋南北朝时期,城头变换大王旗,国家很脆弱,但社会还是坚实的。

现在的论者多将门阀世家视为阶级对立与社会动乱的渊薮,但我更想强调贵族化大宗族作为皇权抗衡力量的意义。中国秦后社会虽然呈现出"小政府"的格局,但始终未形成"大社会",传统"小政府"的"小",只是意味着政府规模不大、政府提供的服务非常有限,但国家的力量是一直处于强势的,可谓"一权独大"。其原因,我认为就在于,在士族消亡之后,传统社会再没有产生出足以抗衡国家的力量与组织。其后果,就是社会无法在阻隔了国家权力侵犯的防线内发展出健全的自治组织与自治机制。

不过,一个形成于汉代、所谓"皇权不下县"的社会自治空间,还是保存了下来,在二千年的时间里,这个自治空间虽时有伸缩,却未曾消失过。

"皇权不下县"意味着国家权力在县以下的领域有所撤退(不

---

[1] 《后汉书·冯绲传》

是完全撤离），不同于国家对社会一竿子插到底（郡县—乡—亭—里—什伍连坐）的秦政制。汉代儒学的复兴，推动了国家权力的撤退，不仅体现在儒家对宗族组织的重新构建上，而且，以董仲舒"春秋决狱"为起点，儒家促使先秦的礼治在秦后得到部分恢复，礼俗作为习惯法的效力受到承认，成为与国家立法——刑律并存的规则体系。对于民众而言，地方的、民间的、自发的、传统久远的礼俗显然具有更大的影响力，在礼俗调节下，人们的合作、交易、纠纷仲裁，均可形成合理的制度、规则，而不需要国法出面干预。可以说，礼俗构成了一道有效隔离皇权渗透的屏障，有了这道屏障，社会的自治才成为可能。

宋朝士绅重建社会

当历史演进到唐宋之际，中国社会出现了一个大转型：唐代，世家大族犹在，门阀社会的余绪尚存。唐太宗时，大臣高士廉等奉命修《氏族志》，将山东崔氏列为士族第一等，李世民对此大为不满，要求按"不须论数世以前，止取今日官爵高下作等级"的原则重新修谱，第二次修订的结果是，皇族李姓为士族第一等，外戚为第二等，崔氏降为第三等（《旧唐书·高士廉》）。这次修谱，传递出两个信息：一方面，当时的门第观念仍很强大，世家大族的社会地位还是很高；然而，另一方面，世家大族数世积累的权威已无法抗衡皇权意志，"尚姓"让位于"尚官"。

唐代士族势力的衰退，除了因为皇权压制之外，科举制的冲击也是重要因素。科举当然有利于告别门阀等级，促成一个相对平等的社会。但如果以历史的眼光来看，门阀的消失、社会等级的抹平，也更有利于皇权的独大。即使是对传统社会之平等化颇多赞许的钱穆也承认,唐以后的社会,由于"政治上没有了贵族门第,单有一个王室,绵延一二百年不断,而政府中官吏,上自宰相,下至庶僚,大都由平地特起,孤立无援;相形之下,益显君尊臣卑之象";"各州郡、各地方因无故家大族之存在,亦益显官尊民卑之象"[①]。

不过唐代的社会发育还是比汉代有了更大的进步,其中的一个表现就是唐代社会出现了比较丰富的民间结社,如各类宗教性质的"社邑"在唐代非常流行,不少行业也成立了具有一定自治功能的社团,几个情投意合的唐代女子出于"遇危则相扶,难则相救"之目的,还可以结成"女人社"。唐高宗曾下诏禁绝私社,但民间社会对于结社的需求是压制不住的,到了唐玄宗时代,政府不得不承认私社的存在。

唐后社会,经过五代残酷的厮杀,门阀世族零落殆尽,从宋代开始,中国进入没有世家大族的平民化社会。大规模的科举取士虽然消弥了有力量抗衡皇权的士族势力,却也缔造了一个庞大的儒家士绅阶层,他们取代之前的贵族门第,成了引导唐后社会"自治线索"向前演进的主要力量。

针对五代战乱过后宗族组织的衰败、宗法关系的松散、宗族伦理的弱化,包括张载、程颐、朱熹等大理学家在内的宋儒,都提出了再造宗族制度的构想。因为,对于主要依靠宗法伦理联结起来的传统社会来说,宗族之不存,即意味着社会的溃散。范仲淹以个人官俸所得,购置良田十多顷,作为族内公益基金(义田),义田每年收取的租米,用于赡养族人、供养族学(义学),又设立管理范氏宗族公益基金的机构(义庄),制订《规矩》十三条(族规),成为宋代儒家重建宗族的典范。

---

① 钱穆《国史大纲》(修订本)下册,商务印书馆1996年,第793页。

宋儒重新构建的"宗族范式"延续至明清，虽然不似前朝的士族门阀在政治上具有强大的影响力，却在维持民间社会的自治方面发挥了前代所不及的作用。概括而言，宋式宗族（包括明清的宗族）的社会功能主要体现在：以族谱和祠堂为族人提供基于血缘与伦理的共同体认同；以义田与族学为族人提供公共救济与福利；以族规与族内权威发展出一个相对独立于国家的民间自治架构："族人虽异居，同在一村中，世推一人为长，有事取决，则坐于听事。有竹算亦世相授矣，族长欲挞有罪者，则用之。岁时会拜，同族咸在"①。宗族通过提供认同、福利与秩序，使族人免于直接暴露在国家权力的热焰之下，也使社会自我构建出优良的治理秩序成为可能。所以顾炎武说，"故宗法立而刑清。天下之宗子各治其族，以辅人君之治，罔攸兼于庶狱，而民自不犯于有司。风俗之醇，科条之简，有自来矣。"②

宋儒更了不起之处，是他们还创立了两类超越了血缘限制、比宗族更具开放性的民间自治组织——乡约与社仓。

历史上第一个乡约由北宋理学家张载的弟子吕大钧设立于家乡——陕西蓝田，故又称"吕氏乡约"或"蓝田乡约"。吕大钧开创的乡约制度后经南宋理学家朱熹整理，更趋完善，又由朱熹的弟子在一些地方付之实践，收到"一乡行之，一乡化焉"的效果。

宋儒推行乡约之初衷，是为了"成吾里仁之美"，将生活在同一片土地上的乡党们组织起来，大家"德业相劝、过失相规、礼俗相交、患难相恤"，以此"化民成俗"，形成自治的公序良俗。吕大钧创立了一套堪称优良的乡约制度：地方士绅牵头组织乡约，乡人自愿加入或退出，约中众人推举一位德高望众、正直公道之

---

① 王栐《燕翼诒谋录》卷五
② 顾炎武《日知录》卷六

人担任"约正",为乡约最高领袖,执掌约中赏罚、决断之权;乡约的日常管理则由"直月"负责,"直月"是轮值的,"不以高下,依长少输次为之",一人一月,一月一换。乡约每月一小聚,每季一大聚,这是对"乡饮"古礼的恢复,"乡饮"是一种议事机制、一个自治平台,"乡饮"之时,约正会将约众近期的善行或恶行记录在册,并据此进行赏罚,约中众人有事,也可以在"乡饮"上提出,大家协商,找出解决方案[①]。

说到这里,我们可以发现,吕氏乡约就是一个建立在自愿联合基础上,有着教化、救济与公共治理功能的村社自治共同体。乡约既是自由的(自愿出入),又是民主的(公选领袖),也是平等(约众不分地位高下,以年齿为序充任"直月")。

值得一提的是,吕氏乡约在推行之初,曾遇到了不少麻烦,不但乡里有些流言蜚语,连吕大钧的大哥、在朝廷当大官的吕大防也不赞成搞什么乡约。反对吕大钧设乡约的亲友说,你一个在野的士绅组织结社,容易被人误会为结党,引来朝廷猜疑。况且治理地方社会本是官府的事情,你又何必掺乎呢?吕大防还建议弟弟:不如将乡约改为"家仪",这样就可以规避政治风险了。

那么吕大钧是如何回应这些反对声音的呢?吕大钧说,儒家君子读圣贤书,自当造福乡里,何必要做上了官才来行善事?如果什么事都由官府指示了才可以做,则"君子何必博学"?因此,他不同意将乡约改为"家仪":改为"家仪"固然可以降低风险,但"于义不合"。显然,在吕大钧心中,士君子追求之"义",已经超越个人的"修身"与家族内部的"齐家",而担当起教化乡里、美化风俗之责,用儒家的话来说,是为"仁里",换成今日的说法,就是致力于社会自治。

---

① 吕大钧《吕氏乡约》

吕氏乡约是古代社会最具自治精神的基层治理建制，代表了自治传统在儒家引导下演化出来的新高度，萧公权先生对此有很高的评价："吕氏乡约于君政官治之外别立乡人自治之团体，尤为空前之创制……此种组织不仅秦汉以来所未有，即明初'粮长'、'老人'制度之精神亦与之大异。盖宋明乡官、地保之职务不过辅官以治民，其选任由于政府，其组织出于命令，与乡约之自动自选自治者显不同科也。"[1]然而，在后面，我们还将会看到专制的国家权力对乡约组织的渗透与控制，导致乡约自治内核发生蜕变，然后变质的乡约制度又在清末儒家重建下拾回自治精神。这也是传统社会中秦制线索与自治线索相互缠斗的表现。

宋儒创设的社仓则类似于今日社会贤达主持的农村小额扶贫贷款，所不同者社仓借贷的是米，农村小额扶贫贷款借贷的是钱。南宋初，士绅魏掞之率先在福建招贤里创建社仓，稍后，魏掞之的好友朱熹也在福建的五夫里设立社仓，并订立了一套完备的社仓结保制度：社仓由士绅组织并管理，官方不得插手其中，不过社仓的贷本先由地方官府垫付，"富家情愿出米作本者，亦从其便"；每年的五月份，社仓放贷，每石米收取息米二斗，借米的人户则在收成后的冬季纳还本息；等收到的息米达到本米的十倍之数时，社仓则将贷本还给地方官府或出本的富户，这么做当然是为了保持社仓完全独立自主的地位；此后社仓只用息米维持借贷敛散，不再收息，只是每石米收取三升耗米，以弥补仓米的损耗，这样，既可以维持社仓的长久运作，也显示了社仓的公益性质；人户是否参加结保也采取自愿原则，"如人户不愿请贷，亦不得妄有抑勒"[2]。抑勒，就是强制、摊派的意思。

---

[1] 萧公权《中国政治思想史》，新星出版社2010年，第354页。
[2] 朱熹《社仓事目》

宋儒之所以创设社仓,是因为他们意识到官方的救济系统(如常平仓)不尽可靠,因此,民间社会应该建立自我救济体系,使乡人在遇到凶岁饥荒时,不必全然依赖不尽可靠的官方救济。

将朱子社仓跟王安石"青苗法"比较一下,就可以发现社仓的可贵之处。首先,从立意上看,王安石设青苗法,与其说是为"济民困",不如说是为"富国用",这就可以理解为什么它要收取高达20%的年息。社仓虽然在开始时也收息,但息米一旦达到足以清偿贷本及维持自主运转的目的之后,即免息放贷,而青苗法不但没有免息之期,而且在执行过程中,年息被提高到40%。其次,从操作上看,青苗法由官府推行,用朱熹的话来说,"其职之也,以官吏而不以乡人士君子"[1],官吏不仅品行不如士君子,且手握权柄,而权力是可以用来压榨民脂的,因此,官吏在放贷时常常强行摊派,将青苗法搞成了典型的"害民之法"。朱子社仓则显然具有NGO的性质,其运作独立于官方权力系统之外,地方官员只在放贷及还贷时应邀前往监督,对社仓的运作并不能干预。朱熹相信,只要"官司不得抑勒,则(社仓)亦不至搔扰"[2]。

然而,在朝廷采纳朱熹之议,下诏推广社仓之后,随着国家权力的介入越来越深,社仓这一NGO组织也慢慢变质,最后居然成了"领以县官,主以案吏"的官办机构[3],并且跟青苗法一样暴露出"害民"的弊病:"非蠹于官吏,则蠹于豪家"[4]。需要指出的是,"蠹于官吏"的危害无疑更甚于"蠹于豪家",因为官吏掌握着"豪家"所没有的国家权力。时人俞文豹描述了南宋晚期社仓"蠹于官吏"的情形:一方面官府强制征收仓米,另一方面

---

[1] 朱熹《婺州金华县社仓记》
[2] 朱熹《辛丑延和奏札四》
[3] 王柏《鲁斋集》卷七《社仓利害书》
[4] 林希逸《跋浙西提举司社仓规》

又将仓米挪作他用，即使遇到荒年，也"未尝给散"[①]。所以，朱熹的再传弟子们在反省与改革社仓之弊时，都提出要恢复朱子遗意，将社仓还给民间，由地方士绅耆老"公共措置"。

乡约、社仓只是宋代丰富多彩的社会结社之一。宋代的社会发育程度远超之前的任何朝代，以书院为代表的私学、以义约为代表的民间慈善、以义役为代表的经济合作组织、以弓箭社为代表的民间自卫武装，等等，均发端或兴盛于两宋。这应归功于宋代士绅阶层的崛起，以及新儒学（理学）的传播。在理学影响下，宋代儒学发展出"士君子之生斯世，达则仁天下之民，未达则仁其乡里"的新境界[②]，促使一部分士绅从面向庙堂转身面向民间，以"仁里"的儒家方式构建社会。

在传统社会，政府无意也无力供应足够的公共服务，甚至习惯于趁火打劫，比如老百姓若进了衙门打官司，几乎免不了要受胥吏差役盘剥，那么至少从这个意义而言，正是有了宋儒再造的宗族组织、创建的乡约与社仓，有了这些自发性组织构建的自治秩序，民间社会才可能摆脱对国家权力的依赖，才可能享有"帝力于我何有哉"的自由。——部分深受近代启蒙话语影响的学人不承认中国传统社会存在"自由"，但如果我们将"自由"界定为"强制减少到最低程度"的状态，我们就会发现，先秦民谣《击壤歌》所描述的"日出而作，日入而息，凿井而饮，耕田而食，帝力于我何有哉"，正是自由状态的最佳注脚。帝力，即是对人构成最大强制的国家权力，而社会自发形成的自治组织与礼俗秩序，则形成了阻隔国家权力之强制的屏障。

---

① 俞文豹《吹剑录外集》
② 姚勉《雪坡集》卷三六《武宁田氏希贤庄记》

明清的绅商力量

传统社会的演进,不仅由儒家自由的力量所推动,也受法家专制的力量所拉扯。当历史演进到明初时,由于专制力量的高涨,社会自治一度出现大倒退。恨不得杀了孟子的朱元璋在强化皇权独裁的同时,也加强了国家权力对社会的管控。这是法家"制民"路线的回流(朱元璋所重用的李善长,即是"习法家言"之辈)。"制民"的举措包括但不限于:

一、打击社会豪富。豪富一旦被定下"通财"或者"党与"之罪,即"不问实与不实,必死而覆其家",时人这样描述豪富被整肃的严重程度:"浙东西巨室故家,多以罪倾其宗"、"大家富民多以逾制失道亡其宗"、"皇明受命,政令一新,富民豪族,划削殆尽"[①]。这些"倾其宗"、"亡其宗"、"划削殆尽"的字眼,触目惊心。

二、实行严密的社会控制。"人民邻里互相知丁",对各户丁口与从业情况,"县府州务必周知";"市村绝不许有逸夫";农民的活动范围限在一里之间,必须"朝出暮入,作息之道互知",任何人离乡百里,"即验文引(文引是官方出具的介绍信)";商人外出经商,邻里务必周知其归期,若两载不归,邻里要向官方报告[②]。而官方的耳目也遍布城乡,明末史学家谈迁描述过"国初严驭"的情形:"夜无群饮,村无宵行,凡饮会口语细故辄流成",他的家乡即有六千多人因"口语细故"被充军,以致生活在明末的谈迁回想起来也很后怕,"言之至今心悸也"。

三、限制士绅阶层的影响力。士绅为地方社会之知识精英,常常扮演着"公共知识分子"的角色,朱元璋视士绅言事为挑战

---

① 方孝孺《采苓子郑处士墓碣》;吴宽《匏翁家藏集》卷五八《莫处士传》
② 朱元璋《御制大诰》、《御制大诰续编》

社会稳定的破坏性因素，特别颁布禁例于天下学校："军民一切利病，并不许生员（秀才）建言"①。这一禁止在野士子议政的政策，后来为清初的统治者所继承。清廷还严禁士子结社："生员不许纠党多人、立盟结社、把持官府、武断乡曲，所作文字不许妄行刊刻，违者听提调官治罪。"②江南的士绅更是被朝廷列入重点打击的黑名单，在经过几轮摧抑之后，江南士风出现了严重的奴化："迩来士大夫日贱，官长日尊，于是曲意承奉，备极卑污，甚至生子遣女，厚礼献媚，立碑造祠，仆仆跪拜，此辈风气愈盛，视为当然，彼此效尤，恬不为怪"③。

四、皇权直接插手民间教化。朱元璋亲自编制《大诰》、"圣谕六言"，诏令天下官民之家，结合乡饮酒礼，宣讲"圣谕六言"，诵读《大诰》。后来讲读"圣谕六言"成了明代乡约有别于宋代乡约的一大特色，这是国家对乡约的利用，它一方面推动了乡约在明代的兴盛，催生一大批官办乡约，另一方面则导致乡约逐渐丧失自治的本色，沦为国家的教化工具。

满清入关后，相中明代的官办乡约形式，也宣布推行乡约制，借以宣讲顺治的"圣训六谕"、康熙的"上谕十六条"、雍正的"圣谕广训"，同时也利用乡约组织协助官府征收赋税、稽查盗贼，乡约长也由州县官委任。也就是说，乡约在清代出现了职役化，完全丧失了原来的自治性质，成为国家权力伸入乡村的神经末梢。

然而，就如我们在论述秦代"制民之术"时所发现的：严密的社会控制难以持久维持，社会的自生力量与自组织意向也无法永远压制住，只要外在的权力管制松弛下来，它们就会苏醒，并

---

① 《大明会典》卷七八《学校》
② 《钦定大清会典事例》卷二八九《礼部·学校》
③ 董含《三冈识略》卷一〇 "三吴风俗十六则"条

迅速展现出自治的热情与智慧。明代中后叶士绅群体的政治自觉，恰好体现了这一点。

前面我们说到，朱元璋曾严令生员不得议政，但这条禁令在士子一再"以身试法"的撞击下，很快就被突破了。清人陆文衡记述说，"生员言事，卧碑有禁。而吴下士子好持公论，见官府有贪残不法者，即集众倡言，为孚号扬庭（即公论官府是非）之举，上台亦往往采纳其言。此前明故事也。"① 在地方士绅的"公论"压力下，官府不得不"采纳其言"，这应该跟晚明士子势力的增长有莫大关系，他们能够透过遍布南北的书院、讲学会、文社，结成组织化的社会力量，足以给官方造成强大的压力。而以民间书院（讲学会）自下而上地对政治施加影响力，乃是明儒开辟的问政新路径，由于明代君主跟儒家士大夫之间对立严重，一部分士大夫放弃了"得君行道"的宋儒式理想，掉头向下，面向民间，展开社会改造，包括开书院、设讲会、兴乡约、建宗族。晚明的民间书院十分发达，士子借讲学议政蔚然成风，这当然与明儒从庙堂到民间的转向不无关系。黄宗羲设想将学校改造成议会性质的议事机构，可不是凭空幻想。

在明末的沛县，甚至已经形成了"邑（州县）有大事，士子皆得与议"的惯例，凡县里有大利大病，"得与荐绅、先达、里父老商榷持衡，邑大夫（县官）雅宠礼之"②。为了表述方便，我将这个惯例称为"邑议制"。我们曾经说过，徐继畲将英国下议院译为"乡绅房"，不妨来想象一下，"邑有大事，士子皆得与议"，不正是县"乡绅房"开会的情形吗？那些跟地方官"商榷持衡"

---

① 陆文衡《啬庵随笔》卷三
② 转引自陈宝良《中国的社与会》（增订本），中国人民大学出版社2011年，第50页。

的"荐绅、先达、里父老",不正好有些像县议员的角色吗?

沛县的"邑议制",其实有着内在于传统的制度渊源,可以追溯到汉初置立的"县三老"之制——"举民年五十以上,有修行,能帅众为善,置以为三老,乡一人。择乡三老一人为县三老,与县令丞尉以事相教"①。这里的三老,并非国家行政体系内的官吏,而是来自民间的民意代表,但拥有参与治理地方社会的权力。县三老有点类似于县参议长。按钱穆的看法,"中国本有地方自治组织,其首领称三老。"②不过,三老制到隋唐时便已废置不用,这是国家权力试图强化社会控制的体现。

"邑议制"当然不是三老制的复原,但它何尝不是三老制所代表之地方自治精神的复活?将"邑议制"放入自治线索的演进背景来看,它的意义就凸显出来了。汉后中国形成了一个所谓"皇权不下县"的治理结构,它有两层含义:一、县下面的基层存在着一个自治空间,但这个自治空间局限于县域之下,自治只能表现为乡族小共同体(宗族或者乡约)的治理;二、州县的治理则为皇权所笼盖,实行"流官制",地方官为朝廷统一委派,这自然是出于中央集权之需,却对地方自治的发展构成巨大的障碍,虽然地方士绅对于县政也具有某种私人性的"隐权力",却没有形成公共性的参议制度。现在"邑议制"的出现,则意味着一个更大范围的、制度性的县域自治空间已经拓展出来,我们可以设想,再借助西学的治理技艺,它完全有可能发展成为自治的地方议会政治。

事实上,时至晚清风起云涌之世,绅权大增,学社纷立,在西学的激荡下,已经从士人结社的组织形式中催生出地方议会的

---

① 《汉书·高帝纪》
② 钱穆《中国历代政治得失》,三联书店2001年,第91页。

雏形，如戊戌变法期间谭嗣同在湖南发起的南学会，据梁启超的介绍，南学会"实兼学会与地方议会之规模焉。地方有事，公议而行，此议会之意也；每七日大集众而讲学，演说万国大势及政学原理，此学会之意也。"[①] 不用说，清初不许士子"纠党多人立盟结社"的禁令早已成了烟云。

如果厕身晚清——那个古今之变最为剧烈的时代，我们将会看到士绅群体在推动地方自治、社会自治乃至国家立宪上所展现出来的高超智慧——既立足于传统，又借鉴了西方社会治理的技艺，显示了经由传统获得创新的无限可能性。这里且列举晚清士绅对乡约的复兴及对宗族的改造二例：

咸丰年间，太平军兴，朝廷的控制力下挫，不得不借重地方士绅维持秩序，自此开始，民间自治的绅办乡约又得以复兴。清末民初，定县翟城村在乡绅米春明、米迪刚父子带领下组织的村自治，成绩尤其令人瞩目。时人以为翟城村自治模仿自日本的村町（大概是因为米迪刚曾留学日本的缘故），但翟城村人认为这些"皆属不知内情之谈"，实际上，翟城村自治的经验来自传统，包括吕氏乡约的精神，"多系按照乡土人情、风俗习惯，因革损益，量为兴作"[②]。从吕氏乡约到翟城村自治，我们应当看到一条虽一度中断过、但终归连接上的内生脉络。

宗族这一被认为有着专制色彩的古老组织，在清末士绅的改造下，变成训练民主自治的典范。如宣统二年订立的湖南上湘龚氏族规即明确提出，"窃我国预备立宪，必人人有自治之能力，而后有国民之资格。而欲求自治方法，莫如从家族入手。一家治，一族治，斯国无有不治矣。"最能体现宗族民主自治精神的，大

---

① 梁启超《谭嗣同传》
② 转引自牛铭实《中国历代乡约》，中国社会出版社2005年，第78页。

概要算上海曹氏宗族的"谯国族会",据《谯国族会简章》,曹氏族会由议长、副议长各一人,评议员十人,契券保管员、会计、庶务、文牍各一人,征租二人组成,上述人等均经投票公举产生,任期一年,可连举连任。举行族会时,须"议员半数以上到会,方得开议。到会议员有过半数同意方得取决";"议员意见或两歧时,以多数取决;两数相等,则取决于议长";"主席(议长)有汇集到会议员意见分付表决之权,惟不得参加己意;如有发表,须请副议长主席,而退就议员位,方得发言"。这样的"谯国族会",已经具备相当完善的议会品质。

在推动晚清自治进程的合力中,还有一支也很重要的力量,来自绅商群体。商人在明代初叶曾受到歧视与限制,不过宣德朝之后,"法网渐疏",又"役轻费省",国家对民间经济的干预甚少,商业因而获得了长足的发展,商人群体迅速壮大起来,著名的徽州商帮就是在这个时期开始崛起的。而商帮与行会,特别是会馆与公所等商人组织的出现,也显示了商人群体在缺乏国家法律保护的历史情景下构建自治秩序的能力,诚如清末的日本人所观察到:"清国自古以农立国,崇本抑末之说,深中于人心。官之于商,刻削之而已,困辱之而已民,凡商情之向背,商力之盈亏,置若罔闻,不有会馆公所所以维持之,保护之,欲求商业之发达,岂不难哉?"[①]

在日本人这么描述的时候,中国的商人群体已经完成了一个深刻的变化,即士绅与商人合流,从而结成一个新的群体——绅商。绅与商的融合早在明代中后叶已经出现了,不过"绅商"一词则是到了晚清才被频繁地提起,这可能是明代时的绅商融合是分散的,尚未形成独立而有政治自觉的社会势力。而晚清的绅商

[①] 转引自陈宝良《中国的社与会》(增订本),中国人民大学出版社2011年,第238页。

就不一样了。概括地说,晚清绅商在历史舞台的集体登场,不仅表明原来的四民观念与社会结构被打破,更是意味着接受了士绅理想的商人群体,从"孳孳求利"的理性经济人转型为自觉的社会新秩序构建者。晚清绅商中,显赫者如"状元实业家"张謇,固然是立宪运动与地方自治的领袖;平凡者也多以"商董"、"店董"的身份,成为主持市镇治理的主要力量。

我们来看一个例子:

晚清的上海县曾有一个官方的南市马路工程局来管辖市政建设,但一直组织不力,成绩也乏善可陈,光绪三十一年(1905年)清廷推行新政,上海得风气之先,郭怀珠、李钟珏等绅商借机向上海道台提出"自动整顿地方,以立自治之基础"的申请,得到道台的支持,道台批复说,"拟将南市工程局撤销,所有马路电灯,以及城厢内外警察一切事宜,均归地方绅商公举董事承办"。接下来,郭怀珠等组织投票,公举出总董、帮董、议董,组成"城厢内外总工程局"①,后又改名"城厢内外自治公所",是上海华界的地方自治总机关。工程局(自治公所)的董事们多为来自上海各个同业公所的商界领袖。

绅商领导下的会馆、公所、行会、商会,也已不仅仅是行业内部自治的机构,而是广泛介入了城市的公共治理,包括组织市政建设、与地方官府协商税额、训练消防队、管理福利机构、筹集救济金,等等。再来看另一个例子:

清末的营口牛庄口岸便是一个由工商行会进行自治的市镇,据清末《海关十年报告》的调查,牛庄口岸的行会职权可以分为两类:"其一,类似国外市镇的市参议会,要维持街道、公路、沟渠、水库(池塘)的秩序,掌管公共土地,保护商人,经办或协

---

① 彭泽益编《中国工商行会史料集》上册,中华书局1995年,第189—190页。

助开办慈善事业等;其二,类似握有大权的商会会员,如草拟和执行管理银号、钱庄、汇兑和集市的规章"[1]。

满清以"部族专制"立国,但到晚清时,因为绅权觉醒,国门洞开,传统的士绅精神与西来的政治学说,却将社会的自治线索推到一个前所未有的新高度。想来也是因为民间的自组织与自治能力发育得相当成熟,在辛亥年的政治崩塌中,社会还能保持大体的平稳,革命只局限于政权更迭。

结 语

好了,现在,我们可以根据上面的描述梳理出一条秦后社会自治的演进线索了:

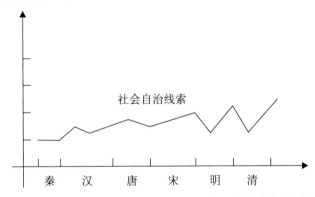

如果将这条自治线索与前面我们画出的皇权专制线索放在一起,我们将会发现它们之间正好构成了此消彼长的关系,当专制线索高扬时,自治线索就下挫;当专制线索低落时,自治线索就升高。这显示出传统社会的自治边界跟皇权的伸缩息息相关,社会自治的壁垒还不够坚固。但尽管如此,一个主要由儒家士绅拓

---

[1] 彭泽益编《中国工商行会史料集》下册,中华书局1995年,第622页。

展出来的社会自治空间是一直存在的,而且从总的趋势看,这个自治空间是逐渐扩展的,到清末民初时已蔚为大观。

通过对蕴含在秦后历史中的专制线索与自治线索的整理,我希望可以修正一些朋友对于中国历史的陈见与偏见。

第一种偏见表现为将传统社会想象成除了专制还是专制的黑暗世界。但是,根据前面的叙述,中国的历史演进,并不是单向度的专制进化史,而是由若干组方向相反的力量在推动:君王的"家天下"本能与儒家的"公天下"理想;皇权的自我扩张与儒家对皇权的限制;法家的严刑峻法与儒家的礼俗之治;国家权力的社会控制与儒家士君子的社会构建……甚至不妨说,我们的历史就是一个反专制的力量试图驯服专制的艰难进程。

第二种偏见由第一种偏见而来,即认为儒家是所谓几千年"封建专制"(这是一个莫名其妙的说法)的帮凶。但实际上,如前所述,恰恰是儒家构成对皇权专制与国家统制的最有力的制约。如果说,法家基于人性恶的预设,理所当然地认为人需要严厉之管制,因而建立一个具有强控制力的政府也是必要的;那么这样的统治形态则是儒家所反对的,儒家从人性善出发,相信人有"仁"(仁者,相亲偶也)①的天性与合群的本能,由此自发地结成共同体,并演进出合群、合宜的自我治理秩序。这即是我们所描述的自治线索。儒家也以"公天下"与"仁政"的理念,局部改造了法家建造的专制线索。所以,我们固然不能说专制被儒家完全驯服了,甚至应承认儒家也对秦制作出了妥协,但是,儒家依然是反专制的力量。那种认为儒家是专制帮凶的俗见,无疑属于厚诬。

---

① 仁,郑玄注:"人也。读如相人偶之人,以人意相存问之言。"段玉裁注:"人耦(偶),犹言尔我亲密之辞。独则无耦,耦则相亲,故其字从人二。"孔颖达注:"仁,谓仁爱,相亲偶也。"

第三种偏见又由第一与第二种偏见而来：许多受启蒙话语影响的人断定，中国社会在近代的政治转型中被儒家主导的传统严重拖了后腿，只有彻底告别儒家传统，政治转型方能获成功。他们视儒家传统为现代政治的对立面，但这与事实不符。我们仔细去观察晚清政治，可以梳理出三段自发演化的近代化发展脉络：

一、宋儒为朋党正名→明末士大夫"明目张胆"结党→清末政治性学社如雨后春笋→政党政治；

二、儒家虚君思想→明末王船山先生提出"虚君立宪"→清末"立宪"确立为新政目标→虚君宪政；

三、儒家的清议传统→明末黄梨洲先生设想"学校议政"→清末设立资政院与谘议局→议会政治。

同样地，从晚清蔚为大观的社会自治，我们也可以整理出三条内在于传统的演进脉络：

一、儒家的"仁里"理想→宋明士绅建造宗族、乡约、社仓→清末的乡约复兴→社会（乡村）自治；

二、明代的绅商融合→绅商构建之公馆、公所与商会→由工商行业自治扩展开的清末市镇自治→社会（城市）自治；

三、"处士横议"之传统→明末的"邑议制"→清末南学会等地方议会雏形→地方（省域或县域）自治。

设想一下，假如这些从传统中生长出来的脉络继续发育下去，会不会生成一个包含了政党政治、立宪、议会与社会自治、地方自治等要素的现代政治架构出来呢？在清末民初，这个现代政治架构其实已经呼之欲出了。换言之，近代中国的政治转型具有内生于传统的驱动力。从这个视角出发，我们会发现费正清先生的"冲击—回应"模型未必能精准地解释近代中国的政治转型。来自西方的"冲击"当然存在，而且确实对当时的儒家士君子产生强大刺激，就如明王朝由专制而覆灭的命运也曾给明末士君子造成震撼性的"冲击"，从而引发三大儒对于皇权专制的深切反思，但晚清社会向着"限政"与"自治"的方向艰难演进，则不仅由于外在的"冲击"，更是基于儒家自由传统的积累与扩展。西学固然带来了"冲击"，乃至提供了宪政的镜像，但儒家本身也有构建现代治理秩序的动力、蓝图与经验，晚清至民初的政治转型，既是开放的，也是内生的。外来的"冲击"只是加速了中国的近代转型，并不是唯一的动力源。"冲击—回应"模型假设中国传统社会是一个停滞、缺乏内在驱动力的封闭型"死局"，将外来的西方"冲击"当成近代社会变革的唯一动力源，这显然是失之偏颇的。

当然我们也知道，晚清—民初的政治转型最终受挫了，但这并不是因为儒家传统阻碍了政治现代化，恰恰相反，而是传统的政治文明积累遭到毁灭性破坏，内生、演化的转型进程被外来强加的"彻底革命"风暴摧毁掉的缘故。

行文至此，我希望这篇小文对于人们理解现代治理秩序的构建，也能提供一点启示。因为传统是自发演进的，由时间积累而成的，因而，传统必定是合乎人之常情常理，适合人之日常生活的，也因而，传统必定是保有自由的，只是"百姓日用而不知"[①]。而合宜、优良的现代治理秩序，必定建立在尊重与遵循这样的传统之基础上面，而不是与传统为敌。用董仲舒的话说，"若夫大纲、人伦、道理、政治、教化、习俗、文义，尽如故，亦何改哉？故王者有改制之名，无易道之实。"[②] "道"就在由"大纲、人伦、道理、政治、教化、习俗、文义"组成的传统之中。构建现代治理的治

---

① 《周易·系辞上传》
② 董仲舒《春秋繁露》卷一

理秩序,就是为了回归、彰显"道"。

那么对于像秦制那样的以强大霸道的国家权力毁灭礼俗传统的专制秩序,又该如何"改制"呢?董仲舒说了另一番话:"窃譬之:琴瑟不调,甚者必解而更张之,乃可鼓也;为政而不行,甚者必变而更化之,乃可理也。"故而,董仲舒主张对秦制必须"扫除其迹而悉去之",这样,才可以做到"教化已明,习俗已成,子孙循之"①。严格来说,董仲舒的"复古更化"并未能促使秦政制完全改弦更张,不过还算成功地恢复了"教化"与"习俗",亦即恢复了礼俗传统与自发秩序,如此,后世的自治线索才得以展开。

上面所述——自由的儒家线索与专制的秦制线索相拉扯,犹如拔河,构成了中国历史演进的内在张力——这也是我尝试重新解释中国历史的大框架,后面的点点滴滴,则是这个大框架下我对传统社会的一些观测与捕捉。这些文字,虽是以"微博体"写的片言只语,不过集合起来,自认为也有些可观。

是为序。

---

① 董仲舒《天人三策》,见《汉书·武帝纪》

第一辑
一种大历史的描述

本辑文字，是我对中国历史演化进程的粗线条勾勒。简单而言，中国的历史演进，由若干组方向相反的力量拉扯着：君王的"家天下"本性与儒家的"公天下"张力；法家的严刑峻法与儒家的礼俗之治；国家权力的社会控制与儒家君子的社会构建；皇权的自我扩张与儒家对皇权的限制；人性中的恶与人性中的善……

基于"人性恶"的预设，可以推导出人需要管制的结论，进而建立一个具有强控制力的政府，也是必要的，这是法家的思想。基于"人性善"的预判，人有仁（相亲偶）的天性，并由此发展出合群的技艺，那么推论显而见：人完全能够自发地发现与建构合宜的自治秩序，这是儒家的思想。法、儒构成了中国历史的两极，拉拉扯扯推动着历史演进。

如果将历史看成是一道长长的河流，那么我希望下面的文字能够将"河流"的基本走势勾勒出来，并对重点的"河段"进行"切片"，略加剖析。

【二千年之政】

1、晚清谭嗣同说,"二千年来之政,秦政也,皆大盗也。"①作为一种粗线条的历史描述,大致是如此,但如果我们将目光拉近,将发现经儒家改造过的"二千年来之政",其实已经跟法家创立的"经典秦政"大不相同了——一种违背了人性、人情的恶制度,怎么可能维持二千年之久?我相信人心的力量。

2、学者秦晖先生与姚中秋先生都提到周制与秦制(儒家与法家)两股传统。秦晖认为秦后中国,儒家已被秦制驯服。秋风的意见则相反,认为是儒家改造了秦制。平心而论,我认为自汉代"独尊儒术"之后,儒家对秦制作出了极大的妥协,有被秦制改造之处;但同时,儒家也确实改造了秦制,至宋代的"与士大夫共治天下"达到顶峰。②

3、现代人之所以将中国传统描述为暗无天日的专制史,可能是基于一个双重的误解。第一重误解是误将秦制当成传统的全部,忽视了还有周制的传统,而中国最宝贵的自由传统即蕴含在周制中。第二重误解则是误以为秦代之后,"百代皆行秦政制",殊不知自汉以后实行的是混合政制,这个混合体制既有专制的一面,也有抵制专制的丰富因素。

4、传统的专制,以法家创造的秦制为极致,即"事无大小

---

① 谭嗣同《仁学》之二九
② 参见秦晖《传统十论》,复旦大学出版社,2003年;姚中秋《重新发现儒家》,湖南人民出版社,2012年。

皆决于上"、天下万民皆受制于官。但纯粹的秦制已经二世而亡，经过儒家的改造，二千年来所施行者，乃是王霸杂揉的混合制度，即使再专制，毕竟君权还是要服从礼教的约束，尊重礼俗对社会的治理。所以可以明确地说，古典专制再厉害，也还是有限度的。

【惊艳三期】

1、台湾学者侯家驹先生认为，中国历史上曾有三个时期，即汉初、南宋末与明中叶，出现了繁华、发达的自由市场经济，很有可能发育出近代资本主义文明。可惜，汉初的自由经济被武帝的"国进民退"政策破坏殆尽；宋末的自由经济随宋室覆灭而消亡；明中叶出现的自由经济，则因万历朝遍布天下的矿监税使之摧残而昙花一现[①]。

2、如果从社会发育的角度来说，我也认为中国历史上有三个时期——两宋、晚明、晚清，已经形成了成熟的市民社会，不仅出现活跃的城市经济，而且社会的力量正在壮大，并萌生了改造社会与政治的自觉，各种社会自治组织也已经孕育出来。然而，这三个时期的社会发育，都因战火四起、王旗变换而被中断。"惊艳三期"成了惊鸿一瞥。

【中国历史分期】

1、从社会结构变迁的角度来看，中国历史可划分为四期，

---

① 参见侯家驹《中国经济史》，新星出版社，2010年。

中间夹着三个大转型期：封建贵族社会—士族社会—士绅社会—公民社会。春秋之前为贵族社会，汉代至唐代为士族社会，宋代至清代为士绅社会。春秋至秦为第一个大转型期：周秦之变。唐、五代为第二个大转型期：唐宋之变。晚清至今为第三个大转型期：古今之变。

2、中国社会的第一个大转型期"周秦之变"（从封建贵族社会进入士族社会），大概用了600年。第二个大转型期"唐宋之变"（从士族社会到平民士绅社会），大概用了400年。第三个大转型期"古今之变"，如果从晚清算起，至今也已经过了150年，但这个大转型尚未完成，还在进行当中。

3、这个历史分期的划分标准是：旧的社会结构分解，从旧结构中释放出"流动性"，再慢慢形成新的结构，成长为社会中坚。春秋时代，士从封建结构中释放出来，最终形成汉魏门阀士族。唐五代，士族消亡，从门第解体中释放出平民士绅，形成士大夫阶层。清末士绅阶层解体，历史趋势应是产生新的公民联合体。

4、封建贵族社会—士族社会—士绅社会—公民社会，有一个明显的演进趋势：即社会原来的固化结构不断被打破，礼教不断下移，社会重心不断下移。封建贵族时代，社会重心在各层级的君主，到了士族时代，社会重心下移到世家大族，士绅时代的社会重心又下移到平民士绅。换言之，这也是一个个人不断摆脱等级束缚的过程。

5、从封建贵族社会，到士族社会，到士绅社会，再到假想中的公民社会，也有一个潜在的风险：即在这一个个体不断摆脱等级束缚、社会固有结构不断解体的过程中，可能导致个人过度孤立、社会出现溃散，从而为极权统治扫清障碍。高度专制的秦制便是在封建贵族瓦解的情况下建立起来的。若门阀存在，明代朱元璋的集权复辟，也未必成功。

6、尽管我这么划分历史分期，但显然，公民社会并不是历史自己设定的未来方向，从士绅解体的废墟上未必能够诞生出现代公民。恰恰相反，它更有可能产生一个类秦制的利维坦，因为个体的解放也可能造成社会的碎片化，而一个碎片化的社会，是完全没有力量阻止利维坦之诞生的。公民社会能不能到来，将取决于今人如何衔接传统与社会自身的再发育。

【两个千年】

1、从秦朝到清朝，中国的帝制时代大约有二千年，宋朝大致处于这个时间轴的中间。大体而言，第一个千年，即从秦至宋，国史的演进呈现出皇权专制程度逐渐减轻的趋势，到宋代时出现了比较发达的"与士大夫共治天下"体制。第二个千年，即从宋到清，则表现出皇权专制越来越变本加厉的趋势，到所谓的"康雍乾盛世"达至顶峰。

2、在我看来，第一个千年，皇权专制发生衰减的基本原因是，儒家对于秦制的改造越来越深入。第二个千年，皇权专制程度暴增的原因则是：金元草原主奴体制的插入；法家秦制的回潮，以朱元璋的苛严为代表；明朝废相；满清对前面三种因素的继承，并改造得更变本加厉，同时又加入了草原部族专制成分。

【黄金时代】

在我看来，中国思想史的黄金时代只有两个，一是春秋—战国时期，一是晚清—民国时期。春秋—战国是封建制瓦解而秦制将立未立的大转型期，士阶层崛起推动官学进入民间，进而引发思想大爆炸。晚清—民国是皇权专制退潮而近代潮汐拍岸来而的又一大转型期，士绅觉醒，绅权日张，西学东渐，格局开放。

【一句话概括历代政制】

秦制："天下之事无小大，皆决于上"[1]；汉制："不如退而更化"[2]；唐制："天下之政，不可不归中书"[3]；宋制："天下治乱系宰相"[4]；明制："今罢丞相,大权一归朝廷"[5]；清制："乾纲独断，乃本朝家法"[6]；清末新政："庶政公诸舆论"[7]。

---

[1] 《史记·秦始皇本纪》
[2] 《汉书·董仲舒传》
[3] 唐朝宰相李德裕语，见《续资治通鉴》卷九十八
[4] 北宋理学家程颐语，见《续资治通鉴》卷三七三
[5] 朱元璋《皇明祖训》
[6] 《乾隆朝东华录》卷二八
[7] 清季"仿行宪政"上谕

【王朝定律】

1、一个王朝在立国50年左右，即传位到第二代第三代时，通常会发生一次瓶颈危机。秦二世而亡；汉有诸吕之乱；晋有八王之乱；隋也是二世而亡；唐有玄武门之变；宋好点，但也有斧声烛影的疑团；明有"靖难"（实则是叛乱）之役；清有多尔衮专权。能通过瓶颈的，即可获得一个较长时段的承平期；通不过的，王朝瓦解。这是柏杨发现的王朝瓶颈定律。

2、一个王朝的皇位传至第二三代时之所以几乎无可避免地会发生接班危机，原因之一就在于：开国的太祖通常是克里斯玛，其权威无法代际传递，且在开国之初，由时间沉淀的政统尚未形成，法度未立，因而野心家环伺，很容易爆发危机。如果渡过了危机，政统已成，法度已立，皇位的继承便进入稳定的程序中。

3、有心人还可发现，一个王朝在立国100年左右，即传位至第五代第六代时，则通常会出现一位想有作为、将功业追上乃祖的皇帝，如西汉的雄主汉武帝，开创大唐盛世的玄宗，厉行变法的宋神宗，将仁宣之治推向高峰的明宣宗。他们往往开创了各种名目的"××之治"，然后王朝开始由盛转衰。

【铁腕会慢慢变老】

一个王朝，如明清，在开国之初，不管是肃贪，还是铲除政治异己，都可以表现得十分暴烈，而众臣噤若寒蝉。到王朝后期，则不管肃贪还是权力斗争,已少见铁血手段。这是文明的进步?毋宁说,这是王朝权威衰减所导致。铁腕是需要权威支撑的,威既不足,唯有以恩济之。而这,也显示一个王朝快到它的尾声了。

【反噬的规律】

1、出于皇权独裁的需要,历代王朝权力中枢的变迁呈现出一个特点:皇帝总是喜欢起用身边的近臣、私臣,成立一个非正式的内廷领导班子,以此来架空外朝宰相之权。日久,那个非正式的领导班子又演变成正式的权力中枢,并且对皇权专制构成障碍,于是后世的皇帝又设立另一个由私臣、近臣组成的班子,新班子最后又变成皇权的威胁。一轮轮重复演出,论证着皇权独裁对皇权的反噬。

2、于是我们看到,在西汉时,正式的宰相机构是外朝"三公",但汉武帝为制"三公"之权,设大司马统领内朝,内外朝分庭抗礼。东汉时,大司马已演化为外朝"三公"之一,光武帝为削"三公"权势,起用内朝的尚书台。唐代,尚书又成为正式的宰相机构,皇帝又以翰林学士分宰相之权。到明代,干脆废了宰相,设立内阁,随后内阁又取得了有实无名的相权。清代的皇帝又虚化内阁,另立军机处。

3、出于中央集权的需要,历代王朝地方权力配置的变迁也呈现出一个特点:中央政府为了强化对地方的控制,于是派出监察官去巡视一个大监察区,比如汉代将全国郡县划为十三州,派刺史巡行各州。但结果，这些隶属中央的监督官却在地方坐大，成为一方诸侯，尾大不掉，这也是东汉末豪强割据的滥觞。后世的皇帝只得将以前的大监察区降级，收缩其权力。

4、明代时，原来坐拥一方的州牧，经过长期的演变，早已降为地方小官。朝廷出于控制地方的考虑，又派出巡抚、巡按御史巡行天下州县，再后来，作为中央监察官的巡抚，也坐大变成地方行政高官。而在清末辛亥革命中，以巡抚、总督为代表的地方实力派，竟也成了推动清廷统治瓦解、各省独立的重要势力。这是中央集权对中央的反噬。

【中央集权≠君主专制】

中国古代政制的发展，有一个明显的趋势，即中央集权越来越强化。汉代尚有封国、州牧，唐时也有藩镇，宋代则"收乡长、镇将之权，悉归于县；收县之权，悉归于州；收州之权，悉归于监司；收监司之权，悉归于朝廷"[1]。中央集权达到新的高度。但中央集权不等于君主专制，许多人说宋代是君主专制的新高峰，正是混淆了两者的区别。事实上，宋代恰恰是"公天下"理念为儒家士大夫再三强调、共治政体发展得最为成熟的一个时代，也是君王受到"法度"严格约束的一个王朝。

---

[1] 北宋元祐年间礼部侍郎范祖禹语，见《续资治通鉴长编》卷十

【王朝为什么会短命】

任何一个建立在严酷控制之上的专制王朝,都不可能维持百年,如秦朝,因为:一、严酷控制需要投入超高的维持成本,当王朝的财政汲取能力不足以支付这个超高成本时,它就会崩盘;二、严酷控制需要一个超级BOSS掌舵,但这个超级BOSS的无上权威显然不可继承,只会代际衰减,衰减到一定程度权力中枢就会丧失控制效能。

【王朝之亡】

西汉器重外戚,最终亡于外戚;唐代倚重藩镇,最终亡于藩镇。明朝极力压制民权,最后亡于民变;晚清敷衍立宪派,最后亡于立宪派。前二者叫做养虎为患,后二者叫做丧失人心。

【弱政府】

相对于现代政府,中国古代的政府,无论从规模还是从功能来说,都可以算是"弱政府"。但是,这个"弱政府"的力量,相对于当时的非政府力量而言,还是太强大了,在这层意义上,传统社会也可以说是权力独大的社会。这是历史的一面。历史的另一面则是:传统社会的自治发育,也表现出不屈不挠的力量。

【家与国】

即使在"家天下"时代,皇帝的"家"与"国"还是分离的,并不是"朕即国家、国家即朕"。一个重要标志是皇室的经费跟政府的财政分立,原则上皇室并不可以随便向国家财政伸手要钱。清代时,同治大婚,内务府因钱不够花,就跟户部要,户部坚决不同意,说内务府与户部"界限甚清,不可牵混从事"。

【顾宪成定律】

不少评论人都提到一个政治学术语:塔西佗陷阱。相传古罗马的执政官塔西佗说过:"当政府失去公信力时,无论说真话还是假话,都会被认为是说假话。"因此人们将政府丧失了公信力的严重后果称为"塔西佗陷阱"。不过又有人考证出,塔西佗并未这么说过。其实,这个来路不明的"塔西佗陷阱"大可换成"顾宪成定律"。晚明的东林士子顾宪成与当朝大员王锡爵有过一段对话。王锡爵说:"当今所最怪者,庙堂之是非,天下必反之。"顾宪成则说:"吾见天下之是非,庙堂必欲反之耳。"[①] 综合两人之说法,我们可以总结出一条"顾宪成定律":如果天下人认为是对的事情,朝廷却偏偏认定它是错的,那么,朝廷认为是对的事情,天下人也会认定它是错的。

---

① 《明史纪事本末》卷六十六

【儒家—君权关系曲线】

1、历代儒家对君主的态度,就抗议绝对君权的烈度而言,因制度环境之不同、君权之消长,而形成一条有趣的曲线。孔子时代,礼乐尚未完全崩溃,故孔子只是持"以道事君,不可则止"的温和态度;到了孟子时代,王权兴起,绝对君权的魔影开始显露,儒家反对绝对君权的烈度也随之升高,如孟子,即提出"闻诛一夫纣矣,未闻弑君也"的激烈观点。

2、自汉武帝独尊儒术,董仲舒引入"屈君伸天"的天道立宪说之后,儒家与君主进入君儒各有妥协、大体上君强臣弱的时代。宋代的君权受到最大程度的约束,士大夫也因而产生了与天子"共治天下"的普遍意识,乃至以"友朋"的关系来看君儒关系。明清君权复炽,遗害无穷,这才有了明末大儒视君主为天下之大害的觉悟。这一觉悟也为晚清儒家所接续。

3、以大历史的目光来看,儒家—君权的关系曲线呈现出这样的特点:当君主的权力高涨时,君儒关系也趋于紧张,并因为受君权扩张之遗害的刺激,儒家对君权的抗议烈度也升高,进而推动儒学反绝对君权思想的发展。而当君权受到较好约束时,君儒之间也表现出比较融洽的关系,儒家乃至出现"得君行道"的普遍政治自信。

【复杂系统】

人类社会是一个混沌的复杂系统,绝不是按照某些哲人王或某种主义的编程,像电脑程序一样展开。这个混沌系统的组织与机制,经由漫长时段的积累与演化而成,并将继续演化。人们永远也无法完全摸透它,只有上帝洞悉它的秘密。因而,任何按天堂的逻辑去建构完美社会的,必是冒犯上帝的僭越,也必造出地狱。

【天演】

有两种制度,一种是"伟大"的天才依照乌托邦模式设计出来的,它在理论上的完美性让人深信,人类前所未有的幸福生活将由它带来。另一种制度是在漫长的历史演进中逐渐形成的,它破漏百出,所以人类需要对它修修补补。两套制度在历史上所产生的祸福,总让我想起一句古语:"人算不如天算"。

【贵族的历史作用】

1、中国封建社会的过早瓦解,贵族阶层的过早消亡,以及中央集权官僚制的早熟,导致中国古典社会无法发育出一个强大的中间阶层(如西欧领主),国家与社会失衡,平民获得了分散的经济自由,却失去了形成坚实的产权结构的机会。南北朝时期的坞堡经济形态,倒是与西欧领主经济颇有相似,但最终还是未能发展成为与国家对峙的社会阶层。

2、贵族门第的消亡,既是历史的进步,但从约束国家权力的角度而言,也造成了两个后果——如钱穆先生所言,政治上,官僚"大都由平地特起,孤立无援,相形之下,益显君尊臣卑之象";地方上,"因无故家大族之存在,亦益显官尊民卑之象"。知名历史学家邢义田先生也认为,"就社会而论,随着科举制度的兴起和唐宋世家大族的消亡殆尽,社会上已没有足以和皇权分庭抗礼的力量。"从宋代开始,世无门阀士族,平民士绅阶层迅速崛起,贵族之部分功能,遂由士绅替代①。

3、贵族若能作为一支恒久的政治力量存在,对社会演进其实大有裨益:一、可平衡国家权力;二、有利社会自治发育;三、贵族通常是坚定的私有权维护者;四、阻止激进政策;五、贵族在政治生活上会更珍惜羽毛,珍视声誉。而铲除掉贵族的政治则更容易彻底功利化、粗鄙化、无耻化。当然贵族政治应慢慢弱化,但若被翻身的新贵一夜清场,则非社稷之幸。

【秦制的成本】

秦制就像是一个开足马力的高功率机器,它力大无穷,但需要投入超量的燃油来提供能量。这个"燃油"就是民脂民膏。《汉书》称,秦始皇统一天下后,内兴土木,外征夷狄,老百姓要用收入的半数来交税,以致"男子力耕,不足粮饷;女子纺绩,不足衣服。竭天下之资财以奉其政,犹未足以澹其欲也"。最后,天下人怨声载道,不是逃亡就是叛乱。秦制虽高效,但昂贵的成本注定它

---

① 参见钱穆《国史大纲》,商务印书馆,1996年。

不可能长久维持。

【冻结秦制】

汉朝立国后,实行"黄老之术",朝廷清静无为,与民休息,汉初"网疏而民富"的经济繁华局面应归功于此。然而,汉制其实完全因承自秦制,汉律也承自秦律,只不过现在朝廷清静无为,暂时将严酷的秦政制"冻结"了。换言之,"黄老之术"并不足抵消秦制,秦制的严酷影子一直在汉制中阴魂不消,到汉武帝时代终于回潮,出现酷吏政治。所以董仲舒说,"汉得天下以来,常欲善治而至今不可善治者,失之于当更化而不更化也。"汉制需要更化,而更化将由儒家完成。

【食肉毋食马肝】

1、西汉初,一位叫做辕固生的儒生跟一个叫做黄生的人发生了一次辩论,黄生认为,成汤代夏,周武代商,并不是受命于天,而是弑君。辕固生反驳他:"不然。夫桀、纣荒乱,天下之心皆归汤、武,汤、武因天下之心而诛桀、纣,桀、纣之民弗为使而归汤、武,汤、武不得已而立。非受命为何?"[①]辕固生的意见,其实就是孟子的意见:"闻诛一夫纣矣,未闻弑君也。"这个故事,显示汉代的儒家正在拾回先秦儒家反对绝对君权的思想。

2、辕固生与黄生的争论,并未能深入下去,因为汉景帝打

---
① 《汉书·儒林传》第五十八

断了这场辩论:"食肉毋食马肝,未为不知味也;言学者毋言汤、武受命,不为愚。"在古人的饮食知识中,马肝被认为有毒,想来,皇帝认为"汤武革命"的思想也是带毒的吧。从这里也可以看出,秦后的政治思想界已不复有先秦封建制下的自由。后来董仲舒提出"屈君而伸天",比之先秦儒学已是一大退步,不过我们却不能不承认,这也是儒家改造秦制的新起点。

【罢黜百家,独尊儒术】

汉武帝董仲舒的建议"罢黜百家,独尊儒术",是影响历史进程与方向的大事件。这一举措也被现代人视为是消灭百家争鸣、实行文化专制的启端。其实这里存在对历史的误解。所谓"罢黜百家,独尊儒术",并不是国家下令禁止儒学之外的其他学说的传播,而是指,朝廷原来吸纳的人才,有信奉商鞅、韩非之言的,有宣扬苏秦、张仪之术的,现在这类人才不再录用,除了儒学之外,其他各家学说从官学中除名;国家明确提出在政治上只以儒学为指导,只选拔儒士来治理国家。至于民间的学术与思想传播、私人的思想信仰,并不受限制,这就不难理解为什么"罢黜百家"了,佛教思想还能够在汉后社会兴起,甚至受到皇帝的尊崇。

【儒家三分皇权】

1、从董仲舒开始,儒家将君权合法性的解释权从绝对皇权中分出来,是为"屈君伸天"。从政治哲学的角度而言,这是在法理上阻止了皇帝同时兼任可为自己加冕的教主。法家杀死了

"天",君主的地位至高无上,"王独制于天下,而无所制也",但在汉代儒家的解释下,"天"又复活了,成为皇权之上的先验性信条,而儒家则掌握着解释这些信条的权威。

2、儒家将国家治理权从绝对皇权中分出来,此即所谓"与士大夫共治天下"。儒家主张"建官为贤,位事惟能",垂拱而天下治,也就是说,在儒家的政治思想中,君主独裁并不合理,最好君主只是作为主权象征而存在,国家治理权交给由士人组成的政府。证之史实,在承平之世,除了极少数雄猜之主,人们常说的"君主专制"其实是不存在的。

3、儒家将社会治理权从绝对皇权中分出来,是为"皇权不下县",国家权力延伸到县为止,县以下的广大区域由士绅、宗族、乡约等社会力量自治。当然国家权力也确实通过半官方组织对基层治理施加影响,不过这些半官方组织的权威是微弱的。概括地说,传统的基层社会治理是多中心的,众多的民间自发组织与半官方组织共同构成了多个治理中心。

【清议的传统】

汉代有"议士",即以民间身份议论政事的士子。议士不是代议士,代议士来自选民的委托,议士则来自儒家理念的教育,但公共关怀、关心国政的精神则一。他们"互相题拂,品核公卿,裁量执政",形成"处士横议"之风气。东汉的"处士横议",是一股制约君权与政府的重要力量,他们不同于之前"块然独处"

的处士,而是声气相求,结成价值共同体,所以又被视为"党人"。"处士横议"也是传统社会中公民议政的滥觞,是明末与晚清士子结社论政的渊源。

【南北朝与五代】

秦后中国,有两个长时段陷入战乱、分裂的时期,一为魏晋南北朝,一为唐末五代,但南北朝虽经战乱,却产生了璀璨的文化,衣冠尚存,而五代却将之前的文明积累摧毁得干干净净。为什么会出现如此不同的后果?我有一个感觉,可能是因为:南北朝虽政治动荡,但社会的组织力量包括儒家士族、坞堡组织、佛教寺院、伦理纽带都是强大的,所以文明方得以保护和扩展。而五代则为最野蛮的武夫当政,强弩之末的世族乃至维系社会的伦理纲常都被摧毁,于是社会失去翼护,积累的文明也就成了战火下的灰烬。

【隋唐剧变】

1、传统之地方政制,钱穆先生认为以汉代为优,因为汉制最有利于地方自治之发育。如汉代郡县的掾属,均由郡守、县令自行辟请,不必由朝廷任命,这些掾属通常都是当地的士大夫;县乡又有"三老",是由地方选举产生的民意代表,类似于县议员,虽不是政府官员,但拥有参与治理地方社会的权力,甚至可向天子言事,地位很高。可惜至隋唐时,"三老"废置,乡官沦为低贱的职役,州县用人也由吏部控制。钱穆说,"此实中国政治史上古今一大剧变"[1]。

2、宋代，由于宋儒相信"士君子之生斯世，达则仁天下之民，未达则仁其乡里"，致力于地方社会之建设，如重建宗族、设立乡约，这一传统又为明儒所继承，因此，宋明两代的地方自治又复有起色。然而，宋明之地方自治已大大不同于两汉之地方自治，用钱穆先生的话来说，"惟两汉地方自治已成为政治制度之一环"，"而宋、明之地方自治为一种社会活动"。

【唐宋大转型】

唐宋之际出现一个社会大转型——从门阀（贵族）社会转入平民（士绅）社会。门阀社会显然极不平等，看起来似乎后一种社会更好一此。但历史不是这么简单，门阀的消失，社会等级的抹平，以历史的眼光来看，则意味着社会中能抗衡皇权的力量不再存在，从此皇权独大。宋后的明清时段，皇权专制之高涨，或跟平民社会有关。

【宋代的可能性】

1、汉唐宋明均有朋党之争。朋党不同于近代政党政治，自不待言。但宋代之党争，的确出现了新特点，而迹近政党。其一，宋代的士大夫不惮言朋党，欧阳修、朱熹都主张君子应当结党。其二，宋代的朋党大致以政见之不同而分化，而不是因为私人关

---

[1] 参见钱穆《政学私言》，九州出版社，2010年。

系而站队。其三,两派的政见俨然有了近代政治光谱左右翼之分,比如神宗朝的新党与旧党,大致言之,以王安石为领袖的新党类似于今日之左派,主张扩张国家权力与财税,政府介入市场,倾向于办官办福利;以司马光为首的旧党则接近于保守主义右派,主张减税、节约财政与自由经济,反对国与民争利。

2、在宋代,要说那种有竞选、有电视辩论的民主制,确实没有(顺便请教下反传统的"民主控",11世纪的英国是不是已有这样的选举),但是协商民主、听证会之类,那是有的。宋朝编订敕(编订法例),有一个"诏中外集议"的"民主协商"程序。太宗朝,政府欲立茶法,计相陈恕请来茶商数十人"各条利害"。宋神宗时,政府讨论经济事务,也是将"商估市井屠贩之人,皆召而登政事堂"。

3、宋代确是值得骄傲的时代。"共治"政治在宋代发展至顶峰,王安石甚至以"主宾"论君臣关系;乡绅主导的社会自治组织,也多发端于宋代,在理学家推动下,儒学开辟出"平天下"的新路径:仁里,即地方社会自治实践;宋代商品经济也非常繁荣,城市人口比例为历代最高。美国一些汉学家都认为宋代是中国的"近代初期"。台湾学者侯家驹先生甚至提出,在南宋时期,中国出现了第二次资本主义的萌芽(第一次为汉初)。

4、有人问:宋代发展下去,会出现君主立宪吗?回答这个假设性的问题很冒险,但宋代有四点是不可否认的:一、形成"与士大夫共治天下"的分权结构,君主更像是主权象征,而不具体执政;宰相的执政大权受到台谏的制衡。二、有了法治之雏形,君权受到儒家信条、誓约、国是、条例的约束。三、随着士绅阶层的崛起，民间结社相当发达，社会发育程度高。四、南宋出现了繁华的自由经济。

5、如果历史能给予宋式体制更长的演进时间，我看未必不能发展出一个"宋式近代政制"来。想象中的宋式政制应是这样的：君主居于尊贵、超然、中立之位，只有主持礼仪与名义上的命令签发之权（用宋人的话来说，这叫做"端拱于上而天下自治"）。政令之起草、副署与否决权均归执政，政事堂会议发展成下议院。台谏完全独立于宰执，掌监察、审议、司法审查之权。大理寺增强其独立权威，为最高司法机构。其实我说的这些，并非完全是想象，在宋代共治政体中都有迹可寻。

【两宋民变的悖论】

1、宋代可能是历史上民变次数最多的一个王朝，有人统计过，两宋300余年，共发生过433次民变，平均一年有1.4次。然而，两宋的民变，又都是小规模的，即便是最著名的四川王小波起义、江南方腊起义与洞庭湖钟相、杨幺起义，都局限于一地，并未蔓延开来，因而，民变次数最多的两宋，也是历史上唯一一个没有爆发全国性民变的长命王朝。这似乎是一个悖论。为什么会这样呢？

2、宋代天灾频仍，外患不断，国家又不立田制，不抑兼并，城市化迅速，人口流动急剧，社会控制也较宽松，这些都是引发民变的诱因。但另一方面，宋代发达的商品经济也容易吸纳城市游民，宋代的官办福利制度与绅办救济机构也可以较快消弥灾害，稳定的地主—佃户关系也是防止产生大规模失地流民的社会稳定机制。另外，宋代有招安之习惯，这使得一部分民变成了民怨的宣泄器，就如现代社会的上街游行。民怨既得宣泄，就不容易积累成大规模、一发不可收拾的大动乱。

【专制的复辟】

宋代本来已经形成了自秦汉以来最具"共治"精神的政体，但宋后又出现皇权专制主义的复辟。这个中因由，包括法家专制主义传统的惯性，蒙元家臣执政的遗产，朱元璋废相的遗产，满清部族统治与皇帝独裁的遗产。今人将蒙元、满清的家臣制、朱元璋的皇权独裁，以及之前的法家专制遗产，当成儒家思想来批判，这就闹了张冠李戴的笑话了。

【郑和下西洋】

1、大明朝郑和七下西洋，他的舰队曾在马六甲海峡大战海盗，干预爪哇国的内政，并生擒锡兰的国王。郑和统率庞大船队抵达非洲时，距达·伽马带领的三艘"破帆船"登陆东非还有80年，设想一下：如果郑和与葡萄牙人在海上相遇，会发生什么事，"中国舰队指挥官会不会想在前进的途中踩扁那些挡路的蜗牛"？甚至有学者感叹："假设郑和继续前行，《纽约时报》应该是中文的。"[①]

---

① 李露华《当中国称霸海上》，广西师范大学出版社，2004年。

2、然而郑和到底没有继续前行。在宣德年间最后一次航行后不久，郑和的船队被系统地"自我毁灭"。这是为什么？毫无疑问，朝廷组织一支庞大的舰队需要投入巨量的人力、物力，而朱元璋设立的简陋财税体系却无法提供足够的支持。用历史学者黄仁宇的话来说，明朝的第一个皇帝制造出过于简陋的财政体系，第三个皇帝又不顾其设计之目的，只拉过来将之滥用，第五个皇帝采取收缩退后政策，使之不致全面崩溃。

3、与郑和奉诏下西洋不同，15世纪西方国家的海上探险鼓励民间团体参与，甚至全由民间团体或私人企业主导。而在明王朝，因为擘划者囿于提防和限制私人资本和民间商业，民间不但无法参与郑和的海上冒险，而且被规定"寸板不许下海"。直至隆庆元年，福建官员上书"请开市舶，易私贩为公贩"，朝廷才允许民间私人远贩外洋。朱元璋缔造的简朴农业社会，在中晚明也变得纷繁、复杂起来。

【晚明时代】

1、晚明社会，确实已在孕育着历史性的嬗变，且不说新经济因素的产生、社会结构的改变，就明儒的政治观念而言，也足以令我们浮想翩翩：心学家何心隐提出"君臣相师，君臣相友"[1]，这是君臣平等的政治观；东林党领袖顾宪成主张"天下之是非，自当听之天下"，这是具有朴素民主要求的监督权表达。[2]

---

[1] 何心隐《文摘》
[2] 《顾端文公年谱》

2、明末大儒黄宗羲对皇权专制作出最深刻的批判与反省:"为天下之大害者,君而已矣"①。另一位大儒王夫之则设想:"预定奕世之规,置天子于有无之处,以虚静而统天下";"以法相裁,以义相制,……自天子始而天下咸受其裁。君子正而小人安,有王者起,莫能易此"②。这是非常明确的"虚君立宪"的构想。

3、黄宗羲还说,"天子之所是未必是,天子之所非未必非,天子亦遂不敢自为非是,而公其是非于学校。"③在梨洲先生的设想中,"学校"已具近代议会之模样。东林党人钱一本则提出:"若非大破常格,公天下以选举,相道终未可言"④,这是在主张以"公天下"的方式——"选举"来产生"首相"(即内阁首辅)呢。

4、还有一位叫做吕坤的晚明学者说,"庙堂之上言理,则天子不能以势相夺。"⑤晚明儒家普遍不承认君主拥有绝对权力。另一位明末大儒顾炎武,也主张"以天下之权,寄之天下之人","人君之于天下,不能以独治也,独治之而刑繁矣;众治之,而刑措矣"⑥。这里的"众治",如果换成现代政治学术语,大概有"共和"之意。

5、晚明士子这些具有"限政"要素的政治思想,当然不是凭空而来,也不是受西学"冲击"而作出的"回应"。她们既是

---

① 明·黄宗羲《明夷待访录》
② 明·王夫之《读通鉴论》
③ 明·黄宗羲《明夷待访录》
④ 《明史·钱一本列传》
⑤ 明·吕坤《呻吟语》卷一
⑥ 明·顾炎武《日知录》卷六《爱百姓故刑罚中》

应运而生的——因应晚明之世出现的社会、经济、文化新因素而产生,也来自"三代"之治的儒家记忆,与先秦的儒家思想一脉相承。她们既是新的,更是旧的、传统的。甚至勿宁说,这是晚明儒家向"三代"之制及先秦儒学的集体回归。

【洪秀全与太平天国】

1、中国近代有两场辛亥革命,除了发生在1911年的那一场有限革命,1851年也是辛亥年,洪秀全领导的太平天国成立。洪秀全这个人,最擅长的事大概有三件:一、将威胁到他核心权力的诸王赶尽杀绝;二、修改"天父新旧遗诏",建立太平天国意识形态体系;三、在后宫临幸妃子。至于如何治理那个千疮百孔的太平天国,那是以他的智商、才能,永远不可能胜任的。

2、洪秀全的悲剧是:一个前清边缘小知识分子,在自以为是"天父"的次子之后,变成一名人世间的僭主、狂徒,发誓要以"天父新旧遗诏"为模母建立人间天堂。为此,他致力于摧毁千年传承的儒家文明与礼俗传统,开始了中国历史上最大规模的神权实验。最终他建立起来的"小天堂",却无论专制还是昏庸程度,都比清政府变本加厉。

3、在洪秀全以摧毁中华道统与文脉为己任之际,曾国藩发布《讨粤匪檄》:痛责洪逆"举中国数千年礼仪人伦、诗书典则,一旦扫地荡荆。此岂独我大清之变,乃开辟以来名教之奇变,我孔子、孟子之所痛哭于九原"。这是晚清士绅集体性政治觉醒与权力复苏的标志。自此，清代士绅重新接上了宋明儒家的道德理想气脉。

4、以历史的目光来看，太平天国产生了一个非意图后果，那就是，它打破了清王朝专制统治的超稳定平衡，迫使清政府不得不放松对汉族士绅的束缚，藉此机会，儒家士绅获得了越来越大的政治权力与社会权力（social power）。而国家与社会的危难，也激发了儒家士绅的政治自觉，促使士绅在挣脱束缚之后，迅速成为推动晚清大转型的最大动力。

【近代的开端】

1、主流的意见将中国近代的开端定在鸦片战争，即1840年。这一看法的背后逻辑是强调近代化来自西方的冲击。如果换个视角，我主张将近代的开端定在曾国藩等士大夫平定太平叛乱的同治朝。这里强调的是传统士绅群体因应内外困局的自我觉醒，近代化也内生于中国社会，内生于士绅精神的复苏与绅权的增长。

2、近代的本质是告别中世纪、摆脱皇权专制与身份束缚，表现为自由市场的繁荣、新的经济因素产生、社会力量的壮大、个人意识的觉醒。从这个意义上来说，我甚至同意将近代开端拉到晚明。满清的前中期统治不过是横插进来、延误了近代进程的插曲而已。晚清出现的"二千年未有之变局"，其实只是接上了晚明时代的近代脉络。

【清末新政】

1、光绪二十七年（1901年）春，慈禧在西安颁发《辛丑变法诏书》，意味着老太婆在历经了庚子之乱以后，已经决心要将一度搁浅的帝国重新推进近代化改革的深水区。"辛丑新政"随后在多个领域展开，从建立外务部、修改清律、制定商法与民法、改革兵制、建立警察制度，到预备立宪、设资政院于中央、设谘政局于各省，君主立宪方向的转型已上轨道。

2、新政十年，促使近代中国的私人经济、市民社会、民间社团、地方自治组织与传媒力量，均获得长足的发育，这些成果延续至民国，是民国政治的基石。清末—民初时期，中国社会力量的发育程度，可谓是有史以来最为成熟的。这当然得益于西学东渐的灌溉，但必须注意到，清末社会力量的生长也是内生式的，是传统的一部分，是历史的延续，是新形势下士绅精神的传承与光大。

3、清末发达的士子结社，跟明末的学社、东汉的党锢士大夫之间，有着一脉相承的精神传承，东林党人李应升有诗云"身行到此悲张俭"，清末谭嗣同也诗句"登门投止思张俭"，他们都自觉以党锢名士张俭的精神自许。而谭嗣同创立之南学会，其与近代议会相通之处，则已有梁启超的评价为据，任公先生说南学会具有地方议会之规模。

4、从汉代士大夫、太学生的"处士横议"传统，到明末的东林党、复社初具近代政党之雏形，再到清末大量涌现的政治性学会,显示了中国社会政治转型与演进的内在理路。当然我们这么说,并不是要否认西学提供的刺激与技艺,但也请注意,晚清社会向着"政治现代化"方向的艰难演进,则不仅由于西学的"冲击",更是基于儒家公民传统的积累与扩展。

【资政院】

1、我曾在微博上问过一个问题:近代中国第一任由选举产生的责任内阁总理是谁?回答可谓五花八门,有说熊希龄,有说唐绍仪,还有说赵秉钧。没错,这几位都当过民国政府总理,但中国第一个选举出来的内阁总理,则不是他们中任何一位,而是——袁世凯。宣统三年,清王朝的资政院以无记名投票公选内阁总理,袁世凯因得票最高而当选。

2、袁世凯就任内阁总理一事,还有个小插曲:武昌事变发生后,清政府逼于革命形势及立宪派的压力,同意解散"皇族内阁",并任命袁世凯为内阁总理大臣。但资政院坚持认为这一任命违宪,迫使摄政王收回上谕,交由资政院投票选举内阁总理,结果还是袁世凯当选。虽说都是袁当内阁总理,但意义却大不相同,前者是皇权专制的余绪,后者则是近代民主原则的表达,最终资政院用近代民主原则迫退了皇权余绪。

3、一位旁听过清末资政院会议的西方人士评论说:"议员们表现了他们无上独立的精神及其尊严与权力感。"[1] 这些议员虽是

---

[1] 张朋园《立宪派与辛亥革命》,吉林出版集团,2007年。

初次登上议会政治的舞台演练,且制度给予他们的权限也是残缺的,但议员们却展现出非常优良的议员品质——那就是,争国民的利益,争议会的权力。他们发言,辩论,抗议,争吵,大哗,乃至显得"嘈嘈切切",但这才是活的、有生气的议会,而不是静寂的一潭死水。

4、来领略一下资政院议员的风骨吧:话说湖南巡抚杨文鼎,因为未经地方谘议局同意擅自发行公债,被谘议局告到资政院。资政院裁定杨巡抚侵夺了谘议局之权,应给予处罚。但军机处在拟旨时却有回护杨文鼎之嫌,这立即引发议员的强烈抗议,议员们要求军机大臣奕劻到资政院答辩,奕劻却未到场,议员们干脆表决通过弹劾案,提出弹劾军机处。

5、那在资政院中,有没有那种跟六部尚书握个手就激动得不行的议员呢?我相信是没有的。不过据资政院议员、末代状元刘春霖的记述,"平素多奴颜婢膝"的议员还是有那么几个,但他们是受到大家鄙夷的。绝大多数议员都秉持了不阿权贵的风骨,他们多是从小就受到儒家道德理想熏陶的士君子。

6、晚清社会有两大特点,一是士绅觉醒,绅权日张;二是国门渐开,西学涌入,在这个背景下,立宪派士绅、绅商迅速崛起,而资政院的民选议员就是由各地士绅、绅商组成的,这些士绅既秉承了儒家君子的抱负、修养与操守,也了解西方宪政的技艺,因而他们很快适应了议会政治,又能恪守着士大夫清议的直道传统。

【晚清新政为什么失败？】

1、辛亥革命的一举成功，意味着清政府以"君主立宪"为目标的新政最终失败了。原因何在？我认为，最主要的原因是新政来得太迟。在清室尚有足够的权威推行改革时，他们一再错失时机，等到在越来越大的危机与压力的推动下，他们终于立意施行新政的时候，中央已没有足够的权威来控制局面与改革的节奏，整个社会都等不及了。

2、从细节上看，慈禧之死也是不应忽视的因素。老太婆虽然谈不上是眼界有多么开明宽阔的新政设计师，但也不是死不悔改的顽固派，事实上，新政就是在她手里开始的。当立宪已成为朝野共识时，以老太婆的权威，庶几可以使整个被改革全盘搅动起来的局面不致失控。慈禧之死，接盘的摄政王无能，清室权威加剧流失。

3、族群问题。因为是少数民族统治，族群问题几乎是清室延续国祚与天俱来的软肋。特别是皇族内阁的出炉更授人以柄，不过，清末的族群对立是不是被夸大了呢？至少对于立宪派来说，满汉并不是不可逾越的鸿沟，但族群问题的确给革命党提供了最便利的社会动员武器——他们的响亮口号便是"驱除鞑虏，恢复中华"。显然革命党乐意于拿"族群对立"大做文章。

4、社会失控。清末的社会，已逐渐摆脱了朝廷的控制，主要表现为社会上层的离心与社会底层的脱序。太平叛乱以降，士绅权重趋大，从好的角度来说，这也是辛亥革命后政局与社会保持平稳过渡的稳压器。另一方面，士绅的扩权伴随着离心化倾向，又成为压垮骆驼的稻草之一。而传统地下会党与革命党的合流，更对君主立宪的新政构成致命一击。

【清帝逊位诏】

公元1912年2月12日，宣统三年十二月二十五日，清帝颁发退位诏书。这份诏书的宪政意义一直被忽略了，有必要整理出来：一、宣告南北对峙结束，避免国家分裂与长年战乱。二、承认政权的法统已转移至中华民国，奠定民国的合法性，避免清失其鹿，天下逐之。三、强调"将统治权公诸全国，定为共和立宪国体"，亦即宣告之后如有违背"共和立宪"的复辟及极权构建，均为非法。

【环环相扣的历史】

晚清最后十几年，几乎每隔数年，就发生一次标志性历史事件，以致该年份的干支符号成了近代史上的一个个路标：1894年甲午战争、1898年戊戌变法、1900年庚子之乱、1901年辛丑新政、1911年辛亥革命。这几个大事件环环相扣，有着内在的联系。大致而言，因为甲午战败，救亡日益迫切，激进的变革声音浮出水面，遂有戊戌变法。但维新失败，守旧势力反扑，仇外情绪复炽，推演成庚子国变。庚子惨败，守旧势力又被淘汰，这才有了辛丑新政。十年新政，培养了势力越来越大的汉族士绅、绅商群体层及地方督抚实力派，因为这个最有力的群体对清廷的离心，辛亥才一举而成。

【从君宪到共和】

1、虽然武昌起义以革命手段打破了清末君主立宪架构下的政治转型,但我也不认为辛亥革命中断了近代中国的政治转型进程,只不过是从"君主立宪"换成了"共和宪政",而且转换的过程相当平和,革命只发生在政治层次,基本上不涉经济、社会、文化与生活。若说世界上有两场伟大的革命,一场是英国光荣革命,另一场就是辛亥革命。

2、辛亥革命之所以有几分光荣革命的模样,这应归功于革命党、清王朝与立宪派的妥协。辛亥之年,墙头变换大王旗,而我最叹服的乃是苏州的光复,波澜不惊,生活如常,只不过巡抚变成都督,人都没换。巡抚程德全宣布江苏独立时,命人用竹竿将原巡抚衙门的瓦片捅掉几片,象征革命的"破坏"。广东独立,也是差不多的和平易帜。

3、我有一个感觉,地方的社会发育程度越高,革命所引发的震荡就越低。满清以"部族专制"立国,专制程度比明代有过之而无不过,但到晚清时,因为绅权觉醒,国门洞开,传统的士绅精神与西来的政治学说相融合,将社会自治推到一个前所未有的新高度。想来也正是因为民间的自组织与自治能力发育得相当成熟,在辛亥年的政治崩塌中,社会还能保持大体的平稳,革命只局限于政权更迭。

4、取代清朝的北洋时代,曾经是一个被丑化的时代。实际上是不是这样？台湾政治大学历史系教授唐启华先生说，"那时虽然军阀混战，但彼此之间还是有道义上的约束，不会赶尽杀绝；……北洋时代是一个多元化的时代，社会氛围自由宽松，没有官方的意识形态，观念上百花齐放，有学术自由，是知识分子和教育的黄金时代。"近些年文化界颇怀念"民国范"，不是无由来。

【近代化不是三段论】

1、中国近代的展开，通常被化繁为简地描述成"三段论"：先是只意识到要学习西方器物，之后发现仅此不够，又提出引进西方制度，还是发现不够，又主张引入西方文化。但这样的叙事是不合史实的。早在洋务运动之前（或之中），徐继畬、王韬、冯桂芬、马建忠、郑观应、郭嵩焘、薛福成等儒家已认识到西方值得学习的乃是他们的治理制度，西宪有如中国的"三代之治"。如徐继畬认为美国的"推举之法，几于天下为公，骎骎乎得三代之遗意焉"[①]。

2、器物—制度—文化层层引进的"三段论"，其实是中国启蒙主义知识分子想象出来的神话，其目的在于为打倒中国之传统、引进"最先进文化"的激进主义背书。在"引进先进"的名义下，传统被定义为阻碍"进步"的挡路石，那么打倒传统当然成为必要，而且倒得越彻底越好，于是器物革命、政治革命、制度革命之后还不过瘾，又有文化革命、社会革命、国民性革命。因此，近代化被当成一个越来越彻底地跟传统决裂的过程。

---

① 清·徐继畬《瀛寰志略》卷九

【"历史三峡"论】

历史学者唐德刚先生将中国近代"惊涛骇浪的大转型"比喻为"历史三峡",认为"不论时间长短,历史三峡终必有通过的一日,这是个历史的必然"[①]。如果历史的演进不是被中断,传统的积累不是被腰斩,那自1860年代洋务运动以来,迄今150年整,中国的经济发展、社会构建与政制转型之种种成果,应该煌煌可观了。即使真有唐德刚所说的什么"历史三峡"的话,也早就"轻舟已过万重山"了。但这个"历史三峡",现在还不能说已经通过了。其实我并不相信"历史的必然",我只相信"文明的积累"。

【"冲积平原"论】

对于国史之演进,我想提出一个"冲积平原"模型论,或将比唐德刚的"历史三峡论"更具解释力。我们看传统社会自治的展开,似乎步履缓慢,模样看起来似乎也不够"现代化"(黄仁宇似乎就是这么看的),但代代有积累,有扩展,有推进。历史如长河,时光的河水流过,不舍昼夜,不断留下前人的经验与成果,社会的文明就如一个冲积平原,慢慢堆积出来。若不是后世"截断巫山云雨",将这一文明积累全部淹没,那么积千年之功,发展至今日,必蔚为大观。

---

① 唐德刚《晚清七十年》,岳麓书店,1999年。

第二辑
古典的"限政"思想

在对中国历史大致走势作出粗线条的勾勒之后,我们现在将镜头拉近,从更具体的视角来重新发现我们的传统。首先,我们要来考察"思想观念史",并从先秦观察起——这是世界的轴心时代。

在轴心时代,中国形成了诸子百家争鸣的繁华局面,不过多数思想流派在秦统一六国之后便已式微,乃至消失,只有儒家与法家,对后世政治与社会治理产生了最深远的影响,以致后人评论传统时有所谓"外儒内法"之说。

儒法二家的思想学说,也就成为我们今日理解古代公共治理的两套密码。简单地说,法家的学说隐藏着专制的密码,而儒家的思想则蕴含着宪政的密码。

下面的文字,试图解开这些"密码",重点放在对先秦儒家章句与治理观念的重新解读上——因为那是我们文明的源头。现在有些流俗的说法其实都是出于对先秦儒学的误解,希望我们的重新解读可以正本清源。

【儒学乃公共治理之学】

1、先来看《吕氏春秋》中的一段话:"凡人之性,爪牙不足以自守卫,肌肤不足以捍寒暑,筋骨不足以从利辟害,勇敢不足以却猛禁悍。然且犹裁万物、制禽兽、服狡虫,寒暑、燥湿弗能害,不唯先有其备,而以群聚邪。"儒家相信人有"群聚"之本能,因而也具有建立合宜、合群之公共秩序的智慧与技艺。儒学便是探索合宜的公共治理之道的学说。许多人将儒学视为修身的心性之学,无疑是对儒学的矮化,将儒学当成了心灵鸡汤。

2、儒家构建公共治理秩序的基本路径可以概括为"推己及人",这个过程展开来便是"修身—齐家—仁里—治国—平天下"。"修身"乃是养成君子人格与士绅精神;士君子运用他们的智慧与技艺去组织各种小型共同体,结成社会,并实现自治,这便是"齐家"与"仁里";当社会不足以克服自身缺陷或对付外来危机时,人们才需要聚合成为更有力量的国家,并实现对这个庞然大物的控制与治理,此即"治国";以仁里、治国达成造福天下万民之目标,便是"平天下"。

3、儒家的优良治理秩序,便是通过"齐家—仁里—治国"层层扩展而形成的——这也合乎人类史的演进路线:先有家,然后有社会,然后方有国家。在"齐家—仁里—治国"的过程中,儒家所秉持的基本伦理为"亲亲—仁民—爱物",这一伦理顺序是不可颠倒的,"齐家"必"亲亲","仁里—治国"则需"仁民—爱物",不可为物而害民,更不可为民而灭亲。

【儒家的治理之道】

最为优良的社会治理,乃是顺应公序良俗,建立自治秩序,让人民在道德、伦理、风俗、习惯的规则体系内实现自我治理。其次,是强化国家之权力,以法令、政策去引导、约束人民。最坏的社会治理,是成立警察国家,使用刑罚等暴力机器来管制人民、维持秩序。——如果我们能够同意这个观点,那么我们为什么不能赞同儒家的公共治理主张呢?孔子说,"太上以德教民,而以礼齐之。其次以政焉导民,以刑禁之。"① 又说,"道之以政,齐之以刑,民免而无耻;道之以德,齐之以礼,有耻且格。"② 表达的不正是前述的道理吗?

【法家之陷阱】

法家学说中有不少概念或提法,从字面乃至一般逻辑上看,似乎跟现代法治的精神差不多,但深入想一想,就会发现它们其实与现代法治精神大相径庭、背道而驰。这一点不可不察。反倒是儒家的主张,多少年来被人垢病为"人治",但实际上儒家的公共治理思想,非常接近现在人们常说的"宪政—法治"。

【法家之陷阱·公民】

1、法家提倡臣民变成"公民",韩非就抨击过"公民少而私

---

① 《孔子家语·刑政第三十一》
② 《论语·为政》

人众"的现象①。法家的"公民",意为国家之民,而非私门之民。成为"公民",意味着人从传统宗法关系、从封建人身依附、从私门中释放出来。不要以为这是个人的解放、历史的进步。其实它是奴役的开始,结果是沦为国家机器的螺丝钉。

2、儒家则承认"私民",民首先是宗法关系中、礼教中、私门中的人。听起来是不是很"落后"?恰恰是这种"落后"的宗法关系与礼法,成为抵御"先进"的国家权力直入家门之内、直达个人身上的屏障。清末近代转型以来,那些喊着"个体解放"口号,砸碎宗族、宗法、礼教的启蒙主义知识分子,哪里知道儒家大义?于是直落入法家陷阱。

【法家之陷阱·法治】

1、许多人将法家之治理解为"法治",犯了"小蝌蚪找妈妈"的幼稚病。法家是主张"缘法而治"、"事皆决于法"②,看起来确实有些"法治"(Rule of Law)的样子,但其实,这是错觉。法家的"法治",更接近Rule by Law,所谓"生法者,君也;守法者,臣也;法于法者,民也"③,法只是君王的统治工具,"事皆决于法"只不过是"事皆决于上"的另一种说辞。

2、在商鞅看来,"法治"是这样子的:"人主为法于上",是拥有绝对权威的立法者,臣民则完全服从于君主之法,"下民议

---

① 《韩非子·五蠹》
② 《史记·秦始皇本纪》
③ 《管子·任法》

之于下"是绝对不允许的,"皆决于法"跟"皆决于上"是同一回事儿[①]。其实,宪政—法治的精义并不在于"事皆决于法",而是将人主、将权力纳入礼法与道义的约束之内。这便是儒家的主张。

3、尽管法家式"法治"包含了"以法治国"之义,但决不是说,在法家立法之前,邦国就没有法、没有法治。实际上,在先秦,礼就是法,源于传统的礼法(习惯法、判例法)之治,更接近法治的精义。法家式"法治"却以严密的国家立法取代了判例法与习惯法之治,如果说,判例法与习惯法天然地有利于形成独立之司法,法家则摧毁了司法独立之可能。

【法家之陷阱·平等】

1、法家似乎比儒家更追求"平等"。儒家说"刑不上大夫",法家则主张"王子犯法与庶民同罪",要建立一套"不知亲疏、远近、贵贱、善恶,以度量断之"的"法治"体系[②]。是不是有点"法律面前人人平等"的意思?秦儒家是贵族制的天然拥护者,法家则主张限制贵族势力,"宗室非有军功论,不得为属籍",即宗室中人如果没有在战场上杀敌建功,其贵族身份将不予承认,贵族无军功不授爵;同时,平民则获得了以军功受封的机会。看起来似乎是一种进步,是平等精神的体现。真的如此吗?

---

① 《商君书·定分第二十六》
② 《管子·任法》

2、法家摧毁礼治秩序，压制贵族阶层，创造了一个"平等"的社会——但结果是，全体臣民平等地成为了国家机器的螺丝钉。"平等"居然导致了"奴役"。其实这其中的道理不难理解，在古典时代，礼制与贵族，毫无疑问是制约王权专制的最重要力量，礼法的崩溃与贵族势力的弱化、消失，等于推倒了王权专制路上的最大挡路石。早熟的平等，未必是好事。

【法家之陷阱·变法】

1、"变法"几乎是法家的偏好与"政治正确"。秦国曾经发生过一次变法与否的辩论：在法家商鞅看来，"智者作法，愚者制焉；贤者更礼，不肖者拘焉"；而具有儒家倾向的甘龙、杜挚则反对商鞅变法："圣人不易民而教，知者不变法而治"；"利不百，不变法；功不十，不易器。法古无过，循礼无邪。"[①] 变法，就是"进步"吗？

2、法家之变法，究其实质，就是摧毁自发演化而来、对绝对王权形成一定制衡的礼俗秩序，代之以严酷的国家立法。其目的是为了建立王权的绝对权威，打造超强的国家财政汲取能力与社会控制能力。这种彻底重构秩序的变法，必须以强大的国家权威推行之，所以商鞅变法之前，先要"徙木立信"，即确立变法者的超级威信。

3、彻底跟传统礼俗秩序决裂、旨在强化国家权力的法家式

---

① 《史记·商君列传》

变法,当然受到儒家的反对。儒家尊重社会自发秩序,董仲舒说,"若夫大纲、人伦、道理、政治、教化、习俗、文义,尽如故,亦何改哉!"① 儒家也不支持构建严密的国家控制系统,所以西汉的盐铁之政为"贤良文学"抨击、北宋的王安石变法也为司马光等大儒反对。

4、儒家虽反对法家式变法,但若说儒家没有变革思想,那也错了。只不过儒家的变革对象不是自发秩序,而是针对违反礼俗、正义、人性的秦制。董仲舒说,"圣王之继乱世也,扫除其迹而悉去之"。将强加于人的秦制"悉去之",是为了恢复良序美俗,这就是儒家的"更化"观:"为政而不行,甚者必变而更化之,乃可理也"②。

【法家之陷阱·个人主义】

1、个人主义的缺失,是儒学受批判之处。相比之下,法家似乎很喜欢个人主义,比如秦制之下,国家立法禁止族居,严令兄弟析产分家,鼓励人们突破"亲亲"束缚、亲人之间相互告密。这一幕,跟近代左翼知识青年要砸碎宗法乃至瓦解家庭的所谓"个性解放"何其相似!

2、当然我并不认为法家思想是个人主义,显然它是不折不扣的国家主义。但吊诡的是,作为国家主义的法家在解构宗法关系、消灭社会自组织方面的做法,跟个人主义的某些主张是不谋

---

① 汉·董仲舒《春秋繁露》卷一
② 汉·董仲舒《天人三策》见《汉书·武帝纪》

而合的。不妨说,他们为着不同的目的地走在同一条道上。所以不用奇怪,近代左翼"个性解放运动"会与2000年前的法家变法遥相呼应。

3、法家致力于将个人从封建结构与宗法关系的束缚中"解放"出来,安的是什么心?无非因为,封建制、礼俗、宗法、宗族、贵族等看似是束缚个人自由的"牢笼",实际上恰恰是阻止国家权力长驱直入的栅栏。打碎了这些"牢笼",也就打碎了"栅栏",让每一个个人直接暴露于国家权力之下。记住,秦制或极权,是建立在一盘散沙之上的。

4、从历史而不是从逻辑的角度看,对个人价值的发现与承认,与其说是孕育宪政的母体,不如说是从宪政身上诞生出来的产儿。"拔一毛而利天下不为也"[1]的个人主义不会催生出宪政秩序,只有反过来说才成立:宪政秩序形成之后,"拔一毛利天下而不为也"的权利才可能得到承认和保护。

【法家之陷阱·性恶论】

1、法家是典型的性恶论者。韩非子说,"人为婴儿也,父母养之简,子长而怨。子盛壮成人,其供养薄,父母怒而诮之。"[2]即使是父子至亲,也会出于利害考虑而反目成仇。现在许多人都习惯于相信,性恶论构成了法治的一个逻辑前提,因为人性本恶,所以人治是靠不住的,法治才是可行的。这些人又进而提出,传

---

[1] 杨朱的主张,见《孟子·尽心上》
[2] 《韩非子·外储说左上》

统中国之所以无法建成法治、宪政，乃是孔孟的性善论大行其道之故。

2、然而，从逻辑上说，性恶论固然可以推导出建立一个森严之法网的必要性，但这个法网张开来，并不是法治、宪政，而是专制、管制、控制。既然人性本恶，那么强化管制便是必要的，而自治则是不可能的——这既合乎逻辑，也可以从法家建立的秦制得到印验。从历史经验来看，除了中国的法家，社会达尔文主义者、霍布斯主义者、马基雅维利主义者、市场拜物教信徒，也都是性恶论的忠诚拥趸，用他们的理论，不可能构建宪政，只能打造出丛林社会、利维坦、权谋政治及物欲横流之末世。

【三代之治】

儒家有一个理想——那就是"三代之治"。历代儒家通过一系列历史叙述与经典阐释，赋予"三代"一种特别的政治象征意义：天下为公，主权在民；选贤与能，虚君共和。西人说历史，多用 historiography 而不用 history，强调后人对历史的理解与编纂，其承载的价值观重于史实。"三代"就是中国的 historiography。至于美好的"三代之治"是不是真实地存在于历史上，其实并不重要，重要的是，它一直活在儒家的集体记忆中。这个"三代"的集体记忆，在周制被秦制代替之后的"家天下"时代，成为了儒家反对、改造法家皇权专制、追求儒家式"限政"治理的最重要的思想资源与精神动力。

【非天子不议礼】

1、法家著作《管子》中有"法政独制于君,而不从臣出"之语,儒家名篇《礼记》也说,"非天子不议礼,不制度,不考文"。似乎法儒都主张由君主垄断立法之大权,其实两者不管在历史语境中,还是在政治学上,涵义都大不相同,甚至完全相反。《管子》提出"法政独制于君,而不从臣出",目的当然是为了强化"威势独在于主而不与臣共"之君主专制[①],这自不用说;但儒家坚持"非天子不议礼,不制度,不考文",却是为了限制君主之权力。

2、我们将《礼记》中的这句话完整地引述出来就可以明白它的涵义了。"非天子不议礼,不制度,不考文。今天下,车同轨,书同文,行同伦。虽有其位,苟无其德,不敢作礼乐焉。虽有其德,苟无其位,亦不敢作礼乐焉。"儒家对变更制度非常谨慎,所以对"议礼"作出了非常苛刻的条件限制:不但要"有其位",还要"有其德",否则,便是"愚而好自用,贱而好自专"(孔子语)的僭越者,这实际上阻断了天子、诸侯自命为立法者的法理进路。

【天—君—民】

1、"天—君—民",在儒家的政治学与政治神学中,是这样界定这三者之间关系的:"屈民而伸君",民接受君的领导;"屈君而伸天"[②],君服从天的制衡;"民之所欲,天必从之"[③],天听从

---

① 《管子·明法篇》
② 汉·董仲舒《春秋繁露》
③ 《尚书·泰誓》

民的意志。由此构成一个完整、自足的古典宪政链条。之所以说这是一个"宪政"之链,乃是因为君主并没有被放在至高无上的位置上,君要屈从于天,归根到底要屈从于民。

2、现代的政治构建抽掉了天之一维,以"君—民"的二维逻辑展开,出现了"屈君而伸民"的民主政体与"屈民而伸君"的专制政体。但失去天对君的限制,专制就住在民主隔壁,民主也可能演变成"多数的暴政"。以现代的目光看,当然不应再"屈民而伸君",而应当反过来:"伸民而屈君",但这还不够,作为宪政之超验一维的天还得回来。

3、天,换成今天的说法,就是自然法,就是"超立法信条",就是大法官掌握的司法权。这是宪政之"保守权力"的一维。君,就是政府首脑,就是行政权与立法权的代表(在人类政治实践中,议行合一是趋势),这是宪政之"积极权力"的一维,但这一"积极权力"必须受自然法与独立司法权之制衡,这便是现代宪政中的"屈君而伸天"。

【普天之下,莫非王土】

1、"普天之下,莫非王土"这句话,被许多人引述来形容"家天下"的专制程度,甚至被与法国国王路易十四的"朕即国家、国家即朕"相提并论。这当然是天大的误解。"普天之下,莫非王土"只是先秦民谣《北山》中的一句,整首诗说的并不是"家天下"之意,而是在表达臣民对于国王分配徭役之不公的牢骚。

2、即使抽出"普天之下,莫非王土"这一句来看,它所描述的也是井田制下的土地"保有权"状态,并不是说天下土地归王私有。而自战国以降、封建制解体以来,除了严格实行均田制的短暂时代,中国的土地制一直就是私有制,更谈不上"普天之下,莫非王土"了。民间的土地流动,有一套自成体系、地方性的习惯法在行使规范,国家一般不加干预。

【制民之产】

孟子主张"制民之产",什么意思?许多人认为西哲的理论才有说服力,那就引述一段哈耶克的话吧:"确使每个人都能得到一定标准的最低收入,或者确使人们在其不能自谋生计的时候仍能得到不低于某一底线的收入,在我们看来,不仅是应对人人都可能蒙受的那种风险的一道完全合法或正当的保护屏障,而且也是大社会的一个必要的组成部分。"① 哈耶克这段论述,便是"制民之产"的注脚。今天有些标榜"自由主义"的知识分子反对一切国家福利,既有违孔孟之道,也不合他们所尊崇的哈耶克之思想。

【君子喻于义,小人喻于利】

1、子曰:"君子喻于义,小人喻于利。"② 一般都将这句话解读为"道德高尚者明白大义,而品质低劣者只知道利益"。这可

---

① 哈耶克《法律、立法与自由》第350页,中国大百科全书出版社,2001年。
② 《论语·里仁》

能是误解。在孔子那个时代,"君子"的本义是指贵族,即邦国的领导人,"小人"则指寻常百姓。因此,"君子喻于义,小人喻于利"这句话,也许是表达了孔子的政治思想:领导人应以义为先,不可与民争利。换言之,平民追求利益则无可厚非。

2、孔子并不以"君子"的高标准来要求"小人",而且认为"君子"应当维护"小人"的利益。这个思想,可以从《论语》中的另一段话得到印证。孔子的弟子子张曾经向孔子请教从政之道,孔子建议他应当做到"君子惠而不费"。什么是"惠而不费"?孔子解释说,"因民之所利而利之,斯不亦惠而不费乎!"意思是说,政治家应尊重人民的利益追求,而不必耗费心力强加干涉,这便是成本最低的治理之道。

【刑不上大夫,礼不下庶人】

1、"刑不上大夫,礼不下庶人"一语,被今人歪曲地解释为"贵族拥有特权不受刑,庶人没有资格受礼遇"之意。甚至鲁迅也认为,"孔夫子曾经计划过出色的治国的方法,但那都是为了治民众者,即权势者设想的方法,为民众本身的,却一点也没有。这就是'礼不下庶人'。"鲁迅真的不知道"礼不下庶人"的准确含义么?

2、其实这句话的涵义已记录在《孔子家语》中。孔子的弟子冉有曾经向老师请教:"先王制法,使刑不上于大夫,礼不下于庶人,然则大夫犯罪,不可以加刑,庶人之行事,不可以治于礼乎?"孔子解释说,不是的。大夫犯下罪行,也要受刑罚,只不过应当照顾贵族的尊严,令他们"自请罪",若所犯罪大,则叫其"跪而自裁";而所谓"礼不下庶人",乃是说庶民劳碌辛苦,不应责之以备礼。

3、按照周礼,贵族如被指控犯了"五刑之域"的大罪,"则白冠厘缨,盘水加剑,造乎阙而自请罪"。这是一个仪式感很强的治罪场景:"白冠厘缨"是罪人所戴的帽子,象征有罪;盘水,即盘中盛水,象征公平;加剑,象征礼法制裁。而制裁通常就是自杀。——像不像日本武士道?既为贵族,当视荣誉重于生命。我们可以发现,"刑不上大夫"强调的是贵族对尊严与荣誉的自觉;而"礼不下庶人"则表达了对庶民的宽容。

【民可使由之,不可使知之】

1、孔子说,"民可使由之,不可使知之"[①],一直被认为有愚民之意。学界还为如何断句争论不休,为孔子辩解的人主张这么断句:"民可,使由之,不可,使知之",指出孔子本意并没有愚民,反而有教民之义。我原来也这样想,后来看了微博上师友之论,又看了台湾学者周德伟先生对儒学与哈耶克思想的参研,改变了看法。

2、我现在倾向于认为,"民可使由之,不可使知之"的断句,符合孔子本意。不能认为孔子有愚民思想,恰恰相反,这反映了保守主义的精义:对于传统(礼俗),人们不需要去知道为什么

---

① 《论语·泰伯》

（知之），只需要遵循它（由之）。孟子说过一句话，正好非常适合拿来做注脚："行之而不著焉，习矣而不察焉，终身由之而不知其道者，众也。"人不可能洞悉传统的全部奥义，即使聪慧如孔子，对传统的态度也是"述而不作；信而好古"。

【契约社会】

1、西方的"契约社会论"提出，国家来源于人民的主权让渡，人民将一部分权力委托给政府，从而组成国家。儒家政治学说中虽然没有说得这么明确，但其要旨已存。荀子说，"天之生民，非为君也；天之立君，以为民也。"① 在早期儒家看来，民与君以天为中介，立约结成共同体，是为国家之起源。

2、这层意思，北宋的程颐说得更加明白："人之生，不能保其安宁，方且来求附比。民不能自保，故戴君以求宁；君不能独立，故保民以为安。不宁而来比者，上下相应也。以圣人之公言之，固至诚求天下之比，以安民也，以后王之私言之，不求下民之附，则危亡至矣。"人民因不能"自保"，于是让渡部分权利出来，拥戴君主，君主则须履行"保民"之责任，否则，契约取消，"危亡至矣"。程颐又提出，"夫王者，天下之义主也。民以为王，则谓之天王天子，民不以为王，则独夫而已矣。"② 这更是明明白白地说，君民以义合，君的合法性来自人民的同意，若人民不同意，则君不过是独夫民贼。

---

① 《荀子·大略》
② 《河南程氏遗书》卷第二十一

3、到晚清时，得益于西学启示，儒家对"契约社会"论的把握已非常成熟，谭嗣同说，"生民之初，本无所谓君臣，则皆民也。民不能相治，亦不暇治，于是共举一民为君。夫曰共举之，则非君择民，而民择君也。……夫曰共举之，则且必可共废之。"①这样的认知，已远比十七世纪霍布斯的契约论更为高明。

【要盟也，神不听】

在先秦时代，人与人之间通过订立契约来约束彼此行为，乃是很常见的事情，并且在立约的过程中，人们建立了相当普遍的契约观念，包括认为契约必须在双方自愿的情况下订立，非自由状态下订立的契约是无效的，用孔子的话说，"要盟也，神不听。"意思是，人在受到胁迫时立下的盟约，神是不理睬的，也即是用不着遵守的。孔子有一次被反叛卫国的蒲邑人扣留，被胁迫与蒲邑人订立盟约：不去卫国。但孔子获得自由后，便前往卫都。子贡问他："盟誓可以背弃吗？"孔子便说了这句"要盟也，神不听"②。

【三重合法性】

董仲舒提出，"三者，天、地、人也。而参（叁）通之者，王也。"③蒋庆先生从这里引申出政治权力的三重合法性："天"指超越神圣的合法性，"地"指历史传统的合法性，"人"指人心民意的合法性。他还设想以"三院制"对应这三重合法性：庶民院代表民意，国

---

① 谭嗣同《仁学》
② 《史记·孔子世家》
③ 汉·董仲舒《春秋繁露》

体院代表历史文化，通儒院是代表超越神圣之合法性。坦率地说，我认为蒋先生的制度设计有如刻舟求剑。不过，优良的政体的确建立于三重合法性之上，比如英国的君主立宪政体，即以大法官代表超越神圣之合法性，君主代表历史传统之合法性，议会及民选首相则代表民意之合法性。这样的宪政政体，并不是设计出来的，却胜于设计。

【君君臣臣】

1、"君君臣臣"这句话，常常被人拿来证明儒家具有绝对效忠思想，甚至被演绎成"君要臣死，臣不得不死"。但其实，"君君臣臣"表达的是一种对等的义务关系："君使臣以礼，臣事君以忠。"① 君首先要像个君的样子，臣才有效忠的义务；君若不君，则臣可以自行解除效忠的义务。孔子主张"以道事君，不可则止"，这种"从道不从君"的儒家思想，跟西人的"国王在上帝和法律之下"观念，同样具有宪政品质。

2、孟子的君臣思想比孔子还"激进"。他认为，对于异姓之卿来说，"君有过则谏,反覆之而不听,则去"；而对于贵戚之卿，"君有大过则谏，反覆之而不听，则易位"②。意思是说，如果君不君，则臣可批评，如果君不听，则异姓之卿可自行解除君臣关系，贵戚之卿更是可废掉君主，另立新君。甚至，儒家还主张，若君主无道，臣民可以起而革命。

---

① 《论语·八佾》
② 《孟子·万章下》

3、用孟子的话来说,"君之视臣如土芥,则臣视君如寇仇",革命就是"诛一夫"[①]。汉初辕固生与黄生的争论,也体现了孟子"诛一夫"的思想。黄生认为君臣各有名位,上下有别,君主有过,臣下当正言匡过,而不是搞什么汤武革命。辕固生直接否定他:汤武革命乃顺应天道,合乎正义[②]。这里隐含着一个宪政命题,即在儒家看来,臣民天然地具有反抗暴政的正当权利。

4、总结一句:有这样一种契约性的关系,由双方缔约订立,以此确定了双方的权利与义务,并依据礼法,双方的权利—义务是相互的,一方如果不履行他的义务,另一方都有权利解除双方缔结的契约。这种契约关系下的两个人,当然可以说是自由的。——没错,我说的便是西周封建制下的君臣关系。封建时代的君臣是契约性的,也是自由的。

【三纲】

儒家最受现代人诟病的理论大概就是"三纲",三纲原本指儒家概括出来的三种最基本的人间伦理关系:君臣、父子、夫妇。后来人们也将所谓"君为臣纲"、"父为子纲"、"夫为妻纲"总结为"三纲",以现代的目光来看,这样的伦理要求当然不符合平等与民主的精神。不过,若以为"君为臣纲"强调了君主的绝对权威,则未免望文生义。学者的研究发现:"从先秦到汉魏之际,无论在何种史料里,都未见到君王利用三纲说来做为钳制臣民的藉口之事例",恰恰相反,当臣下援引三纲之说时,表达的是臣

---

① 《孟子·离娄/梁惠王下》
② 《汉书·儒林传》第五十八

对君主不合理、不合情行为的批判[1]。

【君要臣死，臣不敢不死？】

1、许多人都说儒家主张"君要臣死，臣不敢不死"，以此来抨击儒家是专制的帮凶、皇帝的奴才。然而，"君要臣死，臣不敢不死"之说，未见之任何儒学典籍，也没有一位知名的儒家说过这种话。倒是在明清通俗小说与戏曲作品中，可以找到不少类似的说法，比如《西游记》第七十八回，猪八戒说，"常言道：'君教臣死，臣不死不忠；父教子亡，子不亡不孝。'"猪八戒当然不是儒家。

2、只要了解先秦儒家对君臣关系的论述，当知道"君要臣死，臣不敢不死"不可能是儒家的观点，因为它与儒家赞同的"君君臣臣"之道严重相悖。考虑到这类说法流行于明清时期的通俗文学，而明清恰恰又是秦后最专制的时代，可以想见这应该是专制体制下市井小民的观念，这种观念的来源不是儒家正宗，而是揉合了法家"为人臣不忠，当死"[2]主张、俗儒愚忠思想的政治宣教。

【君臣不同父子】

今人常以为儒家视君为父、视臣如子。其实这也是流俗的误解。明末大儒黄宗羲曾反驳过臣子并称的俗见："夫然谓之臣，其

---

[1] 阎鸿中《唐代以前"三纲"意义演变——以君臣关系为主的考察》，见《钱穆先生纪念馆馆刊》第七期，1999年。

[2] 《韩非子·初见秦》

名累变；夫父子固不可变者也。"① 也即是说，君臣的名分可变，父子的名分不可变。今人又以为黄宗羲此说是对"君父"传统的颠覆。实则，黄氏这一认识，恰恰是对先秦儒家传统的回归。先儒并不赞同以父子比附君臣。微子说："父子有骨肉，而臣主以义属。故父有过，子三谏不听，则随而号之；人臣三谏不听，则其义可以去矣。"②《郭店楚墓竹简》记录的儒家文献也说，君"所以异于父，君臣不相在也，则可已；不悦，可去也；不义而加诸己，弗受也。"这才是儒家认同的"君臣以义合"的君臣关系。

【人伦大于官位】

1、《红楼梦》中元春省亲一节，说的是旧时无上荣耀之事，但读来令人心酸，小说写道，贾妃的"绣凤銮舆，缓缓行来，贾母等连忙跪下"，即便在私宅之内，元春"欲行家礼，贾母等俱跪止之"，贾政与女儿说话，也言必尊称"贵妃"、自称"臣"，亲人间对话竟似公文往来，全无人味。国家权力等级完全压制了人伦关系。

2、权力等级压倒人伦关系的"官本位"思想，其实并不是儒家所欲，虽然儒家强调尊卑有序，但家门之内，官大未必为尊。北宋吕大防官至宰相，但他的长兄、理学家吕大忠对其"未尝少假颜色"。一次，大防的正室由两名婢女搀扶着前来拜见大忠，大忠责斥说："丞相夫人邪？吾但知二郎新妇耳。不病，何用

---

① 明·黄宗羲《明夷待访录》
② 《史记·宋微子世家》

人扶?"说得大防及其妻子羞惭难当①。

3、人伦大,还是权力等级大?换言之,家大,还是国大?先秦儒家认为,可"为父绝君,不为君绝父"。鲁国有个人从军,三战三败,逃命要紧。孔子问他为何这样做。他说,上有老父,我战死就没人养他了。孔子很是赞赏,推荐他当官。这个故事出自韩非子《五蠹》,韩国师对此很不以为然,他当然主张"天大地大不如秦国大,爹亲娘亲不如秦王亲"啦。

【儒家的复仇观】

先秦的儒家是多么的生猛,富有血性与骨气!对杀父之仇人,孔子主张"遇诸市朝,不反兵而斗"②,意思是说,父仇不共戴天,在路上碰到了,就算没带兵刃也要和仇人搏斗。即使仇人是一国之君,复仇也是天经地义,楚王杀伍子胥父兄,伍子胥立誓:"我必覆楚!"其后他破楚,鞭王尸,终雪大耻。伍子胥的大复仇行为,为儒家所赞赏。太史公赞他"弃小义,雪大耻,名垂于后世"③。儒家认为伍氏非不忠,而是大英雄所为。

【防民之口,甚于防川】

《国语》中有一句话:"防民之口,甚于防川。"许多人写评论文章都引用它。但有些人读书不求甚解,头脑中有启蒙主义教育的铭印,以为传统除了专制,还是专制,一看到"防民之口,甚

---

① 明·黄宗羲《宋元学案》卷三十一
② 《礼记·檀弓上》
③ 《史记·伍子胥列传》

于防川"四字,就以为这是钳制言论的意思,"可见封建统治者对老百姓的自由言论是恐惧的,像防止洪水一样提防着"云云。大谬!来看看完整的引文:"防民之口,甚于防川,川壅而溃,伤人必多,民亦如之。是故为川者,决之使导;为民者,宣之使言。"表达的恰恰是"言论要自由"之意。

【民无信不立】

孔子说,"民无信不立。"[①] 这句话是什么意思?心灵鸡汤派估计会说,就是"人们要讲信用"的意思嘛。错了!"民无信不立"并非指向个人的道德品格,而是指向一种政治伦理。先贤孔子的意思是说,政府必须建立在人民的信任之上,得不到人民信任的政府,是不可能维持的。儒家认为,政府的合法性来自人民的信任。

【不患贫而患不均】

1、孔子说:"不患贫而患不均。"[②] 这话被不少人拿来当成儒家主张"均贫富"、赞同"平均主义"的证据。但儒家怎么可能有"平均主义"的思想呢?先秦诸子百家中,倒有一家是强调"绝对平均主义"的,那就是农家的许行,他主张取消分工、"市贾不二",即同一商品不准有两种价格。但许行的思想受到孟子的猛烈批评,认为他"比而同之,是乱天下也"。

---

① 《论语·颜渊》
② 《论语·季氏》

2、那么"不患贫而患不均"当作何解?朱熹注解说,"均,谓各得其分"①。这里,我们对朱熹的解释再作些注解:"各得其分"的"分",在古汉语中有"权利"之义,晚清传教士丁韪良即以"凡人理所应得之分"来理解"权利"一词②。故而,"均",是指各人按自己应得之权利获得收益,"不均",则是漠视权利的不公。

3、完整地理解,孔子的"不患贫而患不均",乃是表达了一种建立在权利观上的公正诉求。它指向公正,也指向权利。士大夫、庶民、地主、资本家、工人都有权利获得自己所应得的那一份,这就是"各得其分",就是公正;如果有人所得与自己的权利不匹配,即是不公正、"不均"。这样的"不均",当然应该名正言顺地予以反对、抗议。

【孟子辟杨墨】

1、杨朱、墨子之学,曾是一时之显学,所以孟子方有"天下之言,不归杨则归墨"的感慨。杨朱主张"拔一毛而利天下,不为也",是先秦的极右派;墨子主张"兼爱"、爱无等差,"摩顶放踵利天下为之",是先秦的极左派。这两派都受到孟子的批评。孟子说,"杨氏为我,是无君也;墨氏兼爱,是无父也。无父无君,是禽兽也。"③

2、孟子之所以认为墨子"无父",是因为儒家重视家庭伦理,

---

① 宋·朱熹《四书章句集注》
② 丁韪良翻译《万国公法》
③ 《孟子·滕文公》

进而言之，儒家并不承认像"天下"啦、"君主"啦具有绝对的优先性，若为"天下"、"君主"损害人伦，即为"无父"；孟子认为杨朱"无君"，此处的"君"作何解，又可辨析一下。从孟子的本意看，他针对的显然是"拔一毛而利天下，不为也"的极端自私，"无君"即无"天下关怀"；从"君"字的本义来看，君者，群也，指向的也是一种公共精神。因此，孟子说杨朱"无君"，乃是鄙视他缺乏公共承担。

3、可以看出，儒家恪守的是中道，既不如墨家那般对理想主义高度狂热，也不同杨朱的极端自私。在领教过红卫兵拼命摧毁家庭伦理、又梦想着"解放世界上四分之三生活在水深火热之中的劳动人民"的狂热之后，在见识了犬儒主义、物欲主义、利己主义横行的世道之后，我们不能不承认孟子老人家"辟墨辟杨"的智慧。

【为富不仁，为仁不富】

孟子说："为富不仁，为仁不富。"[①]说这句话时，孟子指向的对象不是富豪、暴发户，而是国君、政府。这句话其实体现了儒家主张藏富于民的财税思想。在儒家看来，国家要维持统治的正当性（仁），就不可以与民争利（为富），即"为仁不富"；如果官与民争利，国敛聚财富，那就失去了为政的正当性，即"为富不仁"。这就是"为富不仁，为仁不富"之本义。

---

① 《孟子·滕文公》

【民为贵，社稷次之，君为轻】

孟子曰："民为贵，社稷次之，君为轻。"① 人们将这归纳为"民本思想"，并习惯拿它来跟西哲的"民主思想"相比较，又往往在比较中贬低民本思想的价值。我不认同这样的比较。"民本"体现了儒家价值天平上的根本排序，即民优先于国，国优先于君，这是"民主"的逻辑出发点与归宿点；而"民主"不过是实现"民本"的技术手段罢了。

【君权民授】

有人问：儒家是不是主张"君权民授"呢？我说，是的。孔子他老人家编撰的《尚书》里有篇《泰誓》，里面就隐含着这样的政治思想，即君主受命于天，而"天矜于民，民之所欲，天必从之"。许多人老说儒家的"民本"不同于"民主"，其实我觉得大可坦然说出：儒学中已包含有民主思想。

【禅让】

1、说起禅让制，人们可能会不以为然：不就是君主指定接班人吗？还真不是。这个问题，孟子的弟子万章也问过："尧把天下授与舜，有这回事吗？"孟子作出了否定的回答："不对，天子不能以天下与人。"那么舜之有天下，又是谁给他的？孟子提出，

---

① 《孟子·尽心》

是"天与之"。但"天不言",又如何将天下与人?孟子认为,天意通过民意来表达,得到人民的拥戴,就是得到上天的授权。"天与之,人与之"也。①

2、事实上,在舜尧时代,禅让有一套可能是约定俗成的程序,并非由传位之人说了算。首先,嗣君由"四岳"提名并阐明理由,在位之君并没有提名权,不过拥有否决权,但否决时需要说明理由。然后,嗣君之人选,在得到在位之君同意之后,还要获得国人的承认。通过这一系列程序,新君才能正式继位。显然,禅让不是公器私授,在民主选举制诞生之前,禅让制应是最能体现"公天下"性质的制度。后世王莽、曹丕搞的"禅让",已完全走样。

【选贤与能】

《礼记》有云,"大道之行也,天下为公,选贤与能"。这"贤"与"能"应该如何"选"出来呢?孟子提出了一个方案:"左右皆曰贤,未可也;诸大夫皆曰贤,未可也;国人皆曰贤,然后察之;见贤焉,然后用之。"如果当时有选票,如果"国人皆曰贤"的意见是用一张张选票表达出来的,那庶几就是民主制度了。

【三占从二】

人们习惯于认为儒家传统中没有民主议事精神。但错了。②

---

① 《孟子·万章》
② 《尚书·洪范》

说,"三人占,从二人之言。"字面的意思是,三个人算卦,听从两个人的意见,引申为少数服从多数的意思,此即多数决的民主议事原则。古人也是在民主议事的意义上使用"三占从二"这个概念的,明人杨慎说:"古语曰三占从二,今谚云四不拗六,言贵从众也。"① 晚清康有为向清帝提出议事民主改革的建议:"皆令会议于太和门,三占从二,下部施行。"②

【有治人,无治法】

荀子说,"有治人,无治法"③,后人据此认为儒家主张"人治";进而断言,人治是靠不住的,只有制度才靠得住。以我的理解,"有治人,无治法"乃是强调,"良法"离不开"君子"的创制与维护。特别在社会转型、制度变迁之际,好的制度固然是万分重要的,但好的制度从何而来?显然,这需要具有政治自觉与立宪技艺的君子们去推动、去促成。

【群龙无首】

1、成语"群龙无首"的意思,常被理解为"一群龙没有领袖,比喻没有领头人,无法统一行动",是一个贬义词。这一释义已完全脱离了本义。"群龙无首"出自《周易》卦辞:"用九,见群龙无首,吉。"意指群龙共治之象,如舜帝建立的共治之道,这是一种优良的多中心治理秩序,即所谓"吉"。

---

① 明·杨慎《鲁之郊禘辨》
② 清·康有为《上清帝第二书》
③ 《荀子·君道》

2、如果一个组织、一个共同体的领袖，因为获得巨大的权威，地位如日中天，因此而得意忘形、一意孤行、独揽权力，那么，他所面临的将是大凶之象，这即是《周易》的另一句卦辞所言："上九，亢龙，有悔"，意思是说，居高位者如果不知谦退，则不免有败亡之悔。《周易》中隐藏着先贤对于如何建构合宜之治理秩序的大智慧呢。

【君不名恶】

1、董仲舒主张，"君不名恶，臣不名善；善皆归于君，恶皆归于臣。"① 恐怕看到这句话的人都会认为董氏在为绝对皇权张目，何曾有半点制约君权之意？其实，只要不望文生义，从宪政主义的角度来理解，董子此说微言大义。所谓"君不名恶"，即君主不为错。英国普通法中有所谓"君主不容有错（The king can do no wrong）"的原则，这一原则恰恰构成了英国君主立宪的法理基础。君主如何不为错？答案是，君主只作为尊贵之国家象征，不过问实际行政，不负行政责任。如是，政府有错，由宰相担责，君主超然事外。这便是虚君宪政之精义。

2、董仲舒又怎么可能为绝对君权张目？他还说："王者，天之所予也。……故夏无道而殷伐之、殷无道而周伐之、周无道而秦伐之、秦无道而汉伐之，有道伐无道，此天理也，所从来久矣。"② 那么这段话是不是跟前面的"君不名恶"相冲突呢？不然。"君不名恶"乃是指常态下的虚君政治，"有道伐无道"则是指君主

---

① 汉·董仲舒《春秋繁露》
② 汉·董仲舒《春秋繁露》

严重失德时的非常态"革命"。要言之，如果君主恪守君道，"恭己正南面而已"，则"君不名恶"，永远没有过错；如果君主无道，倒施逆行，那就会被"有道伐无道"了。

【虚君共治】

儒家承认公共治理需要"君"（君的本义为"群"，即组织公共生活的权威），这一点拉开了儒家与道家的距离。但同时，儒家并不承认绝对的君权，最好的君主乃是"君临但不统治"，用儒家经典《周易》的话来说，是为"垂衣裳而天下治"。儒家不只一次表达了这种"虚君共治"的治理主张，孔子说，"无为而治者，其舜也与？夫何为哉，恭己正南面而已矣。"[①] 南宋儒家陈亮也说，"端拱于上而天下自治，用此道也。"[②] "此道"即指虚君共治。

【礼治】

1、据说儒家讲求"人治"，受现代人诟病。其实，这里存在着双重误解：对儒家的误解，以及对"人治"的误解。首先，儒家的治理观并不是所谓的"人治"，而是礼治。那么儒家的礼治与法家的所谓"法治"，哪个更接近现代法治呢？不妨来比较一下：法家的法为君主所立，表现为严密的成文法，官吏只是唯命是从的执法者，而人民则必须乖乖地守法。显然，君王是凌驾于一切

---

① 《论语·卫灵公》
② 宋·陈亮《中兴论》

之上的主宰，法律只是君王实现其统治的工具。因此，法家的"法治"，不如说是权治、官治。

2、儒家的礼，即礼法，在中国封建制时代，礼法有着广泛的约束力，不仅庶民，而且君主，均在礼法的约束之内，君若不君，诸侯可发兵征伐，以武力恢复礼的秩序，所谓"凡君不道于其民，诸侯讨而执之"是也。君臣关系也是礼法关系，即使贵为君主，若违背礼法，臣可以提起诉讼，可以自行解除君臣关系。显然礼治更接近现代法治之精义。

3、礼，又是礼俗，即习惯法、社会自发秩序。礼不是君王所立，而是来自传统、习俗，来自对人情常理的承认，来自圣贤对自然法的发现。英国政治学家埃德蒙·柏克说，"如果民间社会是习俗惯例的产物，那么习俗惯例便是它的法律。"如果你承认他说出了法治的精义，那么你应知道儒家也这么说过——南宋理学家真德秀说："夫法令之必本人情，犹政事之必因风俗也。"[①]此语可与柏克的话互为参注。

4、将儒家治理观概括为"人治"者，还多半认为"人治"是个坏东西。他们对"人治"的理解，也存在偏见。譬如在儒家的司法观念中，当然更强调人的因素，尊重法官对判例的援引与解释，承认法官拥有更大的自由裁量权，这本是判例法、习惯法法系的常见情形，如何可以贬称为"人治"，或者说这样的"人治"又何坏之有？

---

① 宋·真德秀《西山先生真文忠公文集》卷三

【宗法】

1、据说儒家深为今人诟病之处就是"宗法",在人们的理解中,宗法的发达意味着原始、落后、私人的血缘关系妨碍了公共关系的发育。这是一种误解。在封建制时代,宗法对于天子、诸侯,跟对士大夫及庶民的意义,是完全不一样的。对天子、诸侯而言,宗法立,恰恰表示"公民关系"的建立。

2、宗法的要旨是"别子",意指没有王位继承权的庶子别立一宗,以割断其与新旧国君的亲属关系。别宗之后,国君与他的兄弟、叔伯、子侄,不再是私人性的亲属关系,而是公共意义上的君臣关系。这就是宗法的涵义:以宗法化私为公,防止宗室以私谋公。

3、对于庶民而言,宗法则具有另外的意义,即"尊祖收族"。什么意思?就是说,宗法以"尊祖"的礼法纽带,将人们结成一个个基于祖宗认同的共同体,并向共同体成员提供救济(收族)。这里的宗法,是国家与社会之间的保护线,它使"为父绝君、不为君绝父"成为可能,从而维护了一个"私民社会"的存在。

【德治】

1、儒家倡导德治。以我理解,德治有两层涵义,一、所谓"政者,正也",儒家希望将政治纳入到一种德性秩序之内,这未必就是迂阔,哈维尔主张的"反政治的政治"精神,不正是与此相合吗?二、所谓"导之以政,齐之以刑,民免而无耻;导之以德,齐之以礼,有耻且格",儒家主张,社会的治理应尊重道德习惯、礼俗秩序,避免过分依赖国家立法与暴力机器。

2、许多自由派朋友都说,要法治,不要德治。仿佛法治秩序的建立可以跟道德秩序割断。如果这样,人们建立起来的法治秩序跟法家之治又有什么区别?法治不是纯技术活,而首先是符合德性、符合自然正义的治理秩序。是的,即使在法治付之阙如的时候,人们需要做的是建立法治,而不是将道德剔出法治秩序之外。

【社会自治】

以"德治"乃至"人治"来概括儒家的治理主张,我觉得其实都不准确,儒家的治理理想是"礼治"。礼治包括承认与尊重社会的礼俗之治,董仲舒提出了一种理想的治理之道:"教化已明,习俗已成,子孙循之,行五六百岁尚未败也。"[①] 这句话,我们应当从"社会自治"的角度来理解。儒家用语中的"教化"、"风俗",与其理解为与"法治"相对的"德治",不如理解为与"国家立法全能主义"相对的社会自治。礼俗、宗法构成了一道有效隔离皇权渗透的屏障,用顾炎武的话说,"宗法立而刑清。……民自不犯于有司。风俗之醇,科条之简,有自来矣。"[②] 如果说"科条"代表了国家管治,"风俗"即为社会自治。

---

① 汉·董仲舒《天人三策》,见《汉书·武帝纪》
② 明·顾炎武《日知录》卷六

【参差多态】

英国哲学家罗素说过一句话:"须知参差多态,乃是幸福本源。"自从被知名作家王小波引用之后,就广为人知了。不过王小波可能不知道,在他不怎么瞧得上眼的"国学"中,孟子也说过类似、而且更加高明的话:"夫物之不齐,物之情也","比而同之,是乱天下也。"① 孟子似乎预见了,后世那些追求"比而同之"的乌托邦实验必将制造出"乱天下"之灾。

【忠恕之道】

孔子在与弟子子贡的讨论中提出了儒家的"忠恕之道"。所谓忠道,即"己欲立而立人,己欲达而达人"②;所谓恕道,即"己所不欲,勿施于人"③。忠道与恕道的涵义,正好跟西学中的"积极自由"与"消极自由"概念有共通之处,忠道指向积极自由,恕道指向消极自由。

【仁】

"仁"是儒家的核心观念。仁,当作何解?郑玄的注解:"人也,读如相人偶之人,以人意相存问之言。"段玉裁的注解:"人耦(偶),犹言尔我亲密之辞,独则无耦,耦则相亲,故其字从人二。"孔

---
① 《孟子·滕文公》
② 《论语·雍也》
③ 《论语·颜渊》

颖达的注解:"仁,谓仁爱,相亲偶也。"④由此可见,仁,乃是指人与人的相处之道,即将人与己一视同仁。仁并不是说一个人孤立的修德,而是蕴含了儒家的平等结群精神。

【仁者爱人】

《世界人权宣言》第一条:"人人生而自由,在尊严和权利上一律平等。他们赋有理性和良心,并应以兄弟关系的精神相对待。"后半句简直就是对儒家经典中"仁者爱人"、"四海之内皆兄弟也"的直译。事实上,"良心"(conscience)一词出自中国学者张彭春之手笔,为"仁"之意译——孟子说,"恻隐之心,仁之端也"①。说世界人权宣言融入了儒家思想,此言不虚。

【古仁人之心】

《诗经》有云:"彼有不获稚,此有不敛穧;彼有遗秉,此有滞穗。伊寡妇之利。"这段歌谣之意,可与《圣经》中的一句话互注:"你在田间收割庄稼,若忘下一捆,不可回去再取;你打橄榄树,枝上剩下的,不可再打,要留给寄居的与孤儿寡妇。"古仁人之心,不分中西。是谓"人同此心,心同此理"。故方有普世价值。

---

④ 参见姚中秋《重新发现儒家》,湖南人民出版社,2012年。
① 《孟子·公孙丑》

【饿死事小，失节事大】

今人爱引用程颐的一句"饿死事小,失节事大"[2],用来说明"封建礼教"对妇女的摧残，但在程颐那个时代，妇女改嫁，既为律法所允许，在道德上也并无不妥。程颐本人也并不反对妇女再醮。他有一个侄女成了寡妇，其父帮她再嫁。程颐称赞此事，认为帮女儿再嫁乃是美德。朱熹也赞扬此事，说"嫁遣孤女，必尽其力"[1]。究程子本意，"饿死事小，失节事大"并非对庶民的要求，而是表达了士大夫的气节理想，也不是单指妇女要守节，守节的适用范围还包括男性，"大夫以上无再娶礼"。

【遏人欲而存天理】

1、南宋大理学家朱熹主张"遏人欲而存天理"，此话先是被明清时代的俗儒奉为教条，演化为绝对主义的"存天理，灭人欲"；后又被近代的启蒙主义者当成"礼教吃人"的罪证。但实际上，儒家从来不主张禁欲主义，也不是不近人情，孔子说："饮食男女，人之大欲存焉！"孟子也承认"食色，人之性也"的说法。提出"遏人欲而存天理"的朱熹解释说："饮食，天理也；山珍海味，人欲也。夫妻，天理也；三妻四妾，人欲也。"[2] 显然，朱熹并不反对正当的人性需求，而是反对没有节制的欲望。他的话被后人重重误会了。

---

② 《河南程氏遗书》卷第二十二
① 宋·朱熹《近思录》卷六
② 宋·黎靖德《朱子语类》卷十三

2、我们从公共治理的角度来解读，也会发现"遏人欲而存天理"确是至理。人有欲望，但人生活在相互的关系中，如果欲望不加节制，特别是统治者的欲望如不受限制，则必将对他人构成威胁或伤害。所以人们在交往、结群的过程中，会形成道德、伦理、礼法。从某个角度而言，道德、伦理、礼法都是为了节制人性中过度的欲望，从而达成大众福利的最大化。优良的公共治理秩序，有赖于人们对道德、伦理、礼法的遵守；而一个各人听任于自己欲望的社会，也必然会变成丛林。

【逻辑学的短板】

1、有人说中国传统文化中严重缺乏逻辑学。其实去看看先秦公孙龙的诡辩术，就会发现名家对逻辑的运用已出神入化。不过名家后来没落，逻辑学随之也成为传统文化的一块短板。但也不必妄自菲薄，中国传统最发达者乃是公共治理学说，而公共治理，与其说靠逻辑，不如说更靠经验、人情、风俗、惯例、道德、伦理、礼法。

2、中国传统的公共治理，由于逻辑学不发达，因而难以构建起一个逻辑严密、丝丝入扣的"科学体系"，但也因而，中国传统政体即使再专制，也专制不到哪里去。人类社会最严重的教训就是，过度信赖逻辑与理性的制度设计师，反倒容易设计出极权主义，设计出计划经济体系。

【兴一利不如除一弊】

古训说:"为政者兴一利不如除一弊。"这是很高明的政治智慧。因为:一、"兴利"之事,民间自会完成,"除弊"则往往需要国家力量。二、为政者"兴利",必伴随着权力扩张,兴利越多,扩权越甚。三、因此,为政者"兴一利"的结果,很可能是"生十弊"。我们见识过的计划经济不正是为政者"兴利"的体制吗?

【天理·国法·人情】

1、法治不等于"事皆决于法",还要区别恶法与良法。现代法治不会承认恶法。儒家也不承认恶法。汉儒荀悦提出,"设必犯之法,不度民情之不堪,是陷民于罪也。"[①] 这种"陷民于罪"的恶法当然是不需要遵守的,所以才说它是"必犯之法"。现代法治之法,应当上有超验之维,遵循天理(自然法),下有人情之维,尊重风俗(习惯法)。这也符合儒家礼法之治、礼俗之治的涵义。

2、所谓"自然法",换成儒家的说法,就是"天"、"天道"、"天理"。儒家并不认为法是统治者之意志的体现,而是主张,立法乃是"法天而立道",因而,人间之法令理当接受"天"的检验。所谓"习惯法",用儒家的话来说,即"法不外乎人情",人情也,人民之习惯、风俗也。儒家相信,立法既是"法天",也要"因人之情",不因人情的王法,必成为"陷民于罪"的恶法。当"国

---

① 汉·荀悦《申鉴·时事第二》

法"能够上遵"天理"、下因"人情"时，它才是优良的。

【因俗制礼】

合宜的法律，不是"发明"出来的，而是"发现"出来的。用儒家的话来说，这叫做"因俗制礼"、"则天垂法"，即从习惯法与自然法中发现人间法；用哈耶克的话来说，叫做"法律先于立法"。这是涵义非常深刻的宪政学命题，其要旨在于，它宣告了即使是掌握着最高权力的国王，也不能成为专断、全能的立法者。而法家的"人主为法于上"主张，则明白无误地宣告了君主专制的来临。

【法与天下共】

1、先来说个小故事：汉文帝有一日出行，被一个小民不小心冲了乘舆，马受了惊。文帝将"犯跸"的小民抓起来，交给廷尉张释之审理。张释之经过审理，判处小民罚金。文帝得知后认为判得太轻了，怒道："此人惊了吾马，若不是此马温顺，岂不是伤了朕？你居然才判他罚金？"张释之坚持自己的判决，说："皇上，你当时要是将他杀了也就罢了，既然交给我，就该按法律来判决。"张释之向文帝提出了一个观点："法者，天子所与天下公共也。"[①] 意思是说，法律是君主与天下万民都要共同遵守的，皇帝也不可以以权压法。这里说的，正是儒家的司法思想。

---

① 《史记·张释之列传》

2、张释之当法官，敢于拒绝来自皇帝的干预，这当然了不起的。但后世的儒家，对他还是有批评，因为他说了那句"皇上，你当时要是将他杀了也就罢了"。比如一位叫做丘浚的明代理学家认为，张释之作为廷尉，不应该说这种话，说这种话，是启皇帝绕过法律、轻妄杀人之端。既然说"法者，天子所与天下公共也"，那么对犯了法的人，就应该一概交由法官审理，哪里能由皇帝说杀就杀？

【司法独立】

1、皋陶，是中国法律鼻祖、中国史上第一个大法官。他对大禹说过一句话："天叙有典，勅我五典五敦哉！天命有德，五服五章哉！"[1] 对这句话，我的理解是，在大法官皋陶的司法理念中，法律、法官的司法权来自上天，而不是世俗权力王所授予。从英伦的宪政经验来看，后世的司法独立，也不是得自什么现代构建，而是来自古老的大祭司渊源。

2、宪政的要旨是治理权与司法权的分立。早在先秦，圣贤已产生了司法独立的认知。孟子与桃应有段对话，桃应问：舜为天子，皋陶为法官，舜的父亲瞽瞍杀人，应怎么处理？孟子说：皋陶当然是将瞽瞍抓来治罪。桃应又问：舜不可以干预吗？孟子说：舜怎么干预？皋陶的司法权是独立的。这就是我们的司法独立思想。然后呢，我们都知道，孟子主张，舜应当放弃天子之位，带着父亲逃走[2]。而这又体现了中国传统中另一可贵的司法思想：

---

[1] 《尚书·皋陶谟》
[2] 《孟子·尽心》

亲亲相隐。

3、先秦实行习惯法、判例法，法的解释与适用之权，是由世袭的贵族司法官掌握的。我们应当承认，在教育尚不能普及的古典时代，司法官应以世袭为宜，即使在今日，法官虽不世袭，却以终身制为优。司法是一门专业而复杂的知识与技艺，世袭则可以保证专业上的积累。更重要的是，专业上的世袭积累与贵族的地位，也是保障司法独立于王权的有力防线。

4、没错，秦代之后，中国社会并未能发展出制度性、结构性的独立司法系统，"大祭司"的角色已不复存在，但请注意，与统治者制定的成文法（刑律）并存的还有一个庞杂的礼俗系统，即传统的、地方的、民间的习惯法仍受到遵守与尊重，这就形成了一个与统治权在一定程度上有区隔的司法权域，尽管它不算完整。

【罪疑惟轻】

今日人们常说司法应当"不冤枉一个好人，不放过一个坏人"，但在司法实践中，"不冤枉一个好人"与"不放过一个坏人"往往是无法两全的，因此，美国的司法制度以"宁可放过一千，不可错杀一个"为原则。很多人可能都不知道，儒家也持同样的司法主张——法官应宁可"放过坏人"，也不要"冤枉好人"。这便是《尚书·大禹谟》所言的司法精神："罪疑惟轻，功疑惟重。与其杀不辜，宁失不经。"

【亲亲相隐】

1、有两则故事,一则发生在古希腊,一则发生在古中国。发生在古希腊的故事说,有个叫做游叙弗伦的人告诉苏格拉底:"我要去告发我的父亲杀了人。"不想受到苏格拉底的连番反讽与诘难,最后苏格拉底说:"你去告发你年迈的父亲杀人是不可思议的。"① 发生在古中国的故事说,有一个叫做叶公的人告诉孔子:"我们这里有个正直的人,举报父亲偷了羊。"孔子则告诉他:"在我们家乡,父犯罪,子不会作证,子犯罪,父也不会作证。这才合乎正义。"②

2、苏格拉底和儒家都主张"亲亲相隐",因为"亲亲相隐"既是人之常情,也是人伦底线,文明的现代法治社会也都承认"亲亲相隐"的权利,即法律不得规定公民有给亲属证罪的义务。倒是建立了一个专制政体的法家反对"亲亲相隐",提倡"大义灭亲",商鞅说,国家应该使"民人不能相为隐",即使是亲密无间的夫妻、朋友,也"不能相为弃恶盖非"。商鞅认为这才是"至治"的境界,说透了,这无非就是专制的化境。

3、经过汉代儒家的"援礼入法",中国官方律法才承认"亲亲相隐"之原则,如汉宣帝曾下诏:"父子之亲,夫妇之道,天性也。虽有祸乱,犹蒙死而存之,诚爱结于心,仁厚之至也。自今子首匿父母,妻匿夫,孙匿大父母,皆勿坐。"③ 这一富有儒家精

---

① 柏拉图《游叙弗伦篇》
② 《论语·子路》
③ 《汉书·宣帝本纪》

神的司法解释成为了汉代的司法原则。直至民国的立法,都继承了传统的容隐精神,如民国三十四年修订的刑事诉讼法规定:"证人有左列情形之一者,得拒绝证言:一、现为或曾为被告人或自诉人之配偶,五亲等内之血亲,三亲等内之姻亲,或家长、家属者。二、与被告人或自诉人订有婚约者。"

【春秋决狱】

1、先来看一个案例:子见父与某人相斗,某人还拔出佩刀。为救父,子抄起大棍对付某人,却不小心打伤自己父亲。此子是否有罪?按汉律,子殴父,处枭首之刑。这个时候,应该严格执行法律吗?董仲舒援引《春秋》记载的"许止进药"判例,认为"君子原心,赦而不诛",判子无罪。[①] 这便是"春秋决狱",其在中国司法史上意义重大。

2、要理解"春秋决狱"的意义,需要先明白当时的法律背景。汉虽代秦,但律法几乎完全因袭自秦律,萧何所作汉律九章,即参照秦律而订,而秦律是出了名的烦苛,所谓"秦法繁于秋荼,而网密于凝脂"。董仲舒主张援引《春秋》判例作为判决的法理依据,等于是宣告在国家立法之上,还有一个更高位阶的儒家大义原则。

3、这个高于国家成文法的儒家大义原则,类似于自然法,在法理上,可称为"超立法信条",用儒家的话来说,便是"惟

---

① 《太平御览》卷六百四十

天为大，惟尧则之"，儒家所承认之法，"则天"而已。春秋决狱，意味着国家承认"超立法信条"的存在，承认人间的成文法应当"则天"，如果现行成文法不符合天道、自然法，将丧失法律效力。换言之，春秋决狱发挥了司法审查的作用。

4、春秋决狱还有另一个意义，即局部恢复了礼治—判例法传统。秦律体系的建立，意味着国家主义的成文法完全代替了先秦的判例法，而我们可以确定，比之判例法传统，秦制中的国家立法显然要专制得多。礼治与判例法的恢复，要靠春秋决狱来启动。春秋决狱的案例，若获认可，就成为具有法律效力的判例，称"决事比"。

5、春秋决狱启动了"援法入礼"的进程。礼，指传统之礼法、礼俗。礼俗入法，相当于在司法过程中引入"陪审团"的功能。英美普通法法系中，陪审团并不需要是法律专家，他们只需要依据道德、良知、经验、情理、习俗作出判断。"援礼入法"之意义，也体现为在司法中尊重道德、良知、经验、情理、礼俗等因素，以此来稀释"法律的专制"。

【陪审团渊源】

中国传统司法体系中没有发展出陪审团制度，不过，陪审团制背后的法理精神，则一直蕴含在中国传统法系中。如美国司法历史上的"陪审团废法"与宋儒在审判中的"弃法用礼"、陪审团的事实审与法律审区分，跟宋代司法的"鞫谳分司"，其法理精神都是相当接近的。《周礼》记载的"三刺之法"，更可以说是中国陪审团制的雏形:"司刺掌三刺之法,以赞司寇听狱讼。一刺曰讯群臣,再刺曰讯群吏,三刺曰讯万民。"可惜因周秦之变,这一雏形未能发育成熟。到了清末,沈家本主持法制改革,提出"三刺之法"、"实为陪审员之权舆","今东西各国行之,实与中国古法相近",故,"宜设陪审制度也"。清廷接受他的建议,新修订的《大清刑事民事诉讼法》即采用了陪审团制。

【判例法与习惯法】

1、孔子说,"温故而知新,可以为师矣。"① 通常的解释是,"温习学过的知识,并能从中获得新的理解与体会,就可做老师了"。不过孔子的本意则是在表述儒家的司法思想,即尊崇判例法。"故",即以往判例,"师",即法官。孔子类似的思想还体现在《论语》的其他地方,如"成事不说,遂事不谏,既往不咎"。

2、儒家尊崇判例法的观点比比皆是,如《周礼》说"比叙其事而赏罚",《左传》说"议事以制,不为刑辟",荀子说"有法者以法行,无法者以类举"②。还有孔子反对铸刑鼎(即成文法),董仲舒主"春秋决狱"。判例法天然地更为倚重具有丰厚之法律知识与高超之司法技艺的法官群体,因而更加有利于形成独立之司法。

3、中国传统的礼法体系也富有习惯法色彩。哈耶克亲传弟子、儒家学者周德伟说:"所谓礼者,即由风俗习惯传统及人民接

---

① 《论语·为政》
② 《荀子·王制》

受之道德价值而成,亦即人民共同生活之规律,虽无法律之拘束力,但其普及于民间较之成文之法律不知高出若干倍,且惟其无拘束力,故能适时生长演变,以现代术语表示之,近于英国之判例法。"[3] 中国传统的礼俗体系其实相当接近于英伦的普通法体系。

【挖出了宝贝当归谁?】

1、看到一条新闻说,四川有位村民在自家的承包地里发现了罕见乌木,价值数百万元,正以为天上掉馅饼呢,谁知当地镇政府称乌木属于国有财产,将其夺走。当地镇政府的做法,似乎也有法律依据,因为现行《民法通则》规定:"所有人不明的埋藏物、隐藏物,归国家所有。"但如果这种事情发生在古代中国呢?

2、在古代律法中,埋藏物、隐藏物称为"宿藏物"。那私人发现的宿藏物归谁所有?根据《唐律》、《宋刑统》,分三种情况:一、若在自家土地、无主荒地和官地上发现宿藏物,归发现人所有。二、若在他人的土地上发现宿藏物,发现人与土地产权人对分。三、若宿藏物为"古器形制异者"(文物),则必须送官府,但官府不能白拿,要出钱购买。

3、中国传统律法划分"宿藏物"归属权的立法精神,既是古老的,又与现代社会通行的"先占取得"原则相通。如德国《民法典》规定:发现因长期埋藏而不能查明其所有权人的物(宝藏),并因发现而占有该物时,其所有权的一半归属于发现人,另一半

---

[3] 周德伟《周德伟论哈耶克》,北京大学出版社,2005年。

归属于宝藏埋藏所在地的物的所有权人。这跟中国古代的法律条文何其相似——且看这一条唐令："诸于官地内得宿藏物者，皆入所得人；于他人私地得者，与地主中分之。"

4、从法理上来说，无主物所有权的"先占取得"原则，乃是对人的自然权利的承认。所谓无主物，我们视其为造物主给予人类的恩赐，人类获得造物主的恩赐，自古便以"先占先有"为通则。"先占取得"是一项古老的自然权利。而对于人的自然权利，国家立法不可以剥夺之，至多只能因为维护公共利益的原故，对其略作限制，比如出于文物保护的目的，唐律规定，发现"古器、钟鼎之类"，必须送官府收购。

【私宅不容侵犯】

1、许多人都说起，依美国法律，对强闯民宅者，主人若开枪杀之，无罪。其实，中国自古也有类似的立法，如唐律规定："诸夜无故入人家者，笞四十；主人登时杀者，勿论。"汉律还禁止官吏夜间闯入人庐舍捕人，违反者如被宅主人杀伤，主人无罪。大明律也规定："凡夜无故入人家内者，杖八十。主家登时杀死者，勿论。"

2、连《西游记》中也有"私宅不容侵犯"的情节：猪八戒在高老庄打不过孙悟空，逃回了云栈洞，孙悟空杀上门去，一棒子将云栈洞大门打碎，八戒大骂："你这个弼马温，你把我大门打破？你且去看看律条，打进大门而入，该个杂犯死罪哩！"西谚中有"风可进，雨可进，国王不能进"的说法，传统中国也有"夜入民宅，非奸即盗"的普遍观念。私宅不容侵犯，若有人侵入，可无限防卫，中西皆然。

【息讼的思想】

1、孔子说，"听讼，吾犹人也，必也使无讼乎？"[①] 不少人认为，正是这种息讼思想导致了人治的泛滥、法治的缺失。他们似乎相信，所有的纷争都放到法庭上解决才是法治社会，才是现代文明，否则就是落后的人治。息讼的思想真的是法治的对立面吗？其实，按儒家的解释，争讼的根源在于"契要不分明"，因而，要达到无讼的理想状态，应建立契约，明确各自的权利、义务，这样，自然就可以减少争讼[②]。这种息讼观，难道不正是暗合了法治的精神么？

2、受无讼理想的影响，古代官员在司法实践中也有意识地以"息讼"为追求，这么做的结果固然可以说延缓了司法技艺的发育，但另一方面，它又促使民间社会发展出一个行之有效的仲裁体系，包括有共同遵守的契约、彼此信服的权威。这样，当人们发生纷争时，就不用非要靠官府的审判不可，人们可以寻求地方社会的权威进行调解，或者由民间权威作出仲裁。这恰是礼治的要旨，也正是法治的表现。

3、"无讼"只是一种理想状态，现实生活中当然不可能没有纷争，也不可能没有诉讼。因此，理智的儒家司法官，既致力于

---
① 《论语·颜渊》
② 《周易正义》注"听讼"

止争息讼，也承认民众有诉讼的权利，道理就如宋代士大夫胡颖所言："词讼之兴，初非美事"，但如果老百姓"或贫而为富者所兼，或弱而为强者所害，或愚而为智者所败，横逆之来，逼人已甚，不容不一鸣其不平，如此而后与之为讼，则曲不在我矣"[①]。故而，地方官不应当昧于"无讼"，更要学习与提升司法的技艺，这种司法的技艺，用儒家的话来概括，便是"酌情据法，以平其事"。

【海瑞的司法思想】

1、海瑞曾提出一个司法仲裁主张："窃谓凡讼之可疑者，事在争产业，与其屈小民，宁屈乡宦，以救弊也；事在争言貌，与其屈乡宦，宁屈小民，以存体也。"[②]，从法理学的角度来看，海瑞的主张是否在理呢？当然，持现代化史观的黄仁宇先生，是认为海瑞缺乏保护产权之意识与缜密之法治精神的。但我想替海瑞一辩。

2、在这里，海瑞提出了两条倾向性保护原则："救弊"；"存体"。是否在理，必须放在具体的司法情境中来考量。首先，应注意海瑞提到的一个大前提："讼之可疑者"，也就是说，争讼双方的主张都有同等说服力的证据支持，法官作出有利于任何一方的判决都有道理。这个时候，当然需要法官的自由心证。

3、海瑞又区分了两种争讼：争产业；争言貌。对于无法明确产权的产业纠纷，海瑞主张判给处于经济弱势的小民，以救弊；

---

① 《名公书判清明集》卷四"妄诉田业"
② 《海瑞集·兴革条例》

对于无法确定责任的名誉纠纷，海瑞主张照顾乡宦的颜面，以存体。这两条不同的倾向性保护原则——救弊与存体，其实正好体现了儒家提倡的司法平衡原则，即"情法允协"。法官的自由心证，就是要达成"情法允协"。

4、儒家持中庸的司法理念，主张"酌情据法，以平其事"。用南宋理学家真德秀的话来说："夫法令之必本人情，犹政事之必因风俗也。为政而不因风俗，不足言善政；为法而不本人情，不可谓良法。"[①] 海瑞正是主张将法理上两可的讼案置于"人情风俗"的社会背景下，援情入法，酌情考虑"救弊"与"存体"的司法平衡作用，如此方可"平其事"。

【未达则仁其乡里】

有人说，儒学要么只注重"修身"，要么只注目于明君与顶层设计，所谓"达则兼济天下，穷则独善其身"是也，对政治顶层与个人之间的社会层级，则无从用心。此论错了。儒家从来就主张对国家与社会双向着力。用宋儒的话来说，"士君子之生斯世，达则仁天下之民，未达则仁其乡里"[②]。"仁里"，换成现在的说法，就是致力于社会构建。明代的王守仁一系，更是因为不能"得君行道"，而主张面向民间，"觉民行道"，从而拉开了一场影响深远的晚明社会运动。

---

① 宋·真德秀《西山先生真文忠公文集》卷三
② 宋·姚勉《雪坡集》卷三六《武宁田氏希贤庄记》

【"不得已"】

1、汉代的董仲舒、王莽,宋代的程颢、程颐、朱熹,明代的方孝孺、海瑞,都梦想恢复井田古制,不过只有泥古不化的王莽付之实践,结果祸乱天下。方孝孺虽然一心想推行井田之制,但终究实行不了。至于其他各位,虽对古法心向往之,但董仲舒自知一时难以"卒行";朱熹也认识到"在今日恐难下手,设使强做得成,亦恐意外别生弊病,反不如前"[①];海瑞认为"欲天下治安,必行井田",却也承认"不得已而限田,又不得已而均税,尚可存古人遗意。"[②]

2、儒家希望"民有恒产",不愿意看到因土地兼并而导致贫富分化悬殊,所以几乎所有的大儒都对"耕者有其田"的井田制一往情深。这固然是值得崇敬的大情怀,不过在我看来,儒家的可贵之处,不在于他们对古制之推崇,而在于,豁达的儒家明白乌托邦不可强求,"不得已"可退而求其次。明"不得已",便是明现实情势,明妥协,明尊重既有秩序。王莽之败,就因为他不明"不得已"。

【道德】

1、儒家相信"道德"是公共治理之重要规范。但有自由派朋友却认为,道德只能自律,不可强加于人。此说忘记了道德的

---

① 宋·黎靖德《朱子语类》卷第一百八
② 《明史·海瑞列传》

产生,从来都是出于调节公共关系之需要,而非为个人的修真成仙。以为除了法律之外再无束缚的朋友,还忘记了他在日常生活中,实际上还受到习俗、外界评价、舆论压力的约束。您想将这些都取消?法院马上人满为患。

2、强调道德的他律功能,有人说这是"道德绑架"。错了。如果"道德绑架"是指制造道德压力,那道德从来就是一种"绑架",因为它让人不得不顺应道义,否则就倍感压力,良心不安。如果"绑架"指强制,则控诉"道德绑架"是哭错坟头,因为提出道义要求的人不是国家,没有权力,何来强制、何来绑架?真正的道德绑架只会在一种情况下出现:国家权力同时充当道德法官。

3、又有朋友诘问:谁可以判定何谓"道德"、何谓"不道德"?这种设问,要么,以为道德只是各说各话,无法形成共识;要么,以为道德的标准是某个具体的人决定的。实际上,道德从来不是谁颁布的,而是一个共同体内的成员经过长时段的相处,以约定俗成的方式自发形成的。如此形成的道德伦理,当然也是一种社会共识。

【皇上不必太圣明】

在今人的文学描写中,人臣与人君之对话,几乎言必称"皇上圣明",将君臣关系处理成教主与教徒的关系。这未必合乎史实。至少我知道,宋代士大夫徐谊就曾告诉皇帝:天下非皇帝独有,而应与士大夫共治,所以皇上用不着太"圣明",只需恪守君道。

这个"君道"就是谦抑,容忍,任贤与良,垂拱而治。否则,"人主日圣,人臣日愚,陛下谁与共功名乎"?①

【私人的价值】

1、有论者认为儒家没有发现私人的价值。其实在明末儒家看来,先王是尊重个人权利及私有产权的。顾炎武说,"人之有私,固情之所不能免矣。故先王弗为之禁;非惟弗禁,且从而恤之。……合天下之私以成天下之公,此所以为王政也。……世之君子必曰:有公而无私,此后代之美言,非先王之至训也。"②黄宗羲也认为,"人各得自私,人各得自利"才是理想之社会③。

2、王夫之则提出皇帝不能侵犯臣民私产的见解:"若土,则非王者所得私也";"民所治之地,君弗得而侵焉。民之力,上所得而用,民之田,非上所得而有也";"王者虽为天地之子,天地岂得而私之,而敢谈天地固然之博厚,以割裂为己土乎"④。这便是晚明社会"私"之观念的觉醒,也是儒家对"私"之价值的发现。

3、到了晚清,儒家得西学之灌溉,已发展出基于"个人本位"的"天赋人权"思想,如康有为说:"人者,天所生也,有是身体即有其权利,侵权者谓之侵天权,让权者谓之失天职。男与女虽异形,其为天民而共受天权一也。"⑤严复则将"天赋人权"转译

---

① 《宋史·徐谊列传》
② 明·顾炎武《日知录》卷三
③ 明·黄宗羲《明夷待访录》
④ 明·王夫之《读通鉴论》
⑤ 清·康有为《大同书》

为儒家式的表述："民之自由，天之所畀"①。从这里也可见儒学跟西宪不但不冲突，而且相兼容。

【儒家的人权观】

周德伟先生不赞同"天赋人权"之说，因为他认为上天不言，人权乃是人们"一点一滴争来的"②。我相信人权来自人们争取，更支持"天赋人权"说，天赋说之要旨，并不在其指出人权来源，而是它确立了人权的先验价值。道理就如清末郑观应所引用的日本学者之语："民权者，君不能夺之臣，父不能夺之子"。③

【自由的定义】

英国哲学家密尔论自由的定义："这里所要讨论的乃是公民自由或称社会自由，也就是要探讨社会所能合法施用于个人的权力的性质和限度。"④——不知道是谁翻译的，有点拗口了。不如直接用中国初民时代的民歌来表述吧："帝力于我何有哉"。这样的状态，便是自由。严谨点说，这就是消极自由。其实密尔这里讨论的也是消极自由。

---

① 清·严复《严候官文集·辟韩》
② 周德伟《周德伟论哈耶克》，北京大学出版社，2005年。
③ 清·郑观应《盛世危言·原君》
④ 密尔《论自由》

【儒学形象】

在我心中，有一个儒学形象：它承接传统，迎接现代文明。在政治上，主张"天下为公"，限制绝对权力，建立礼治，也即法治。在经济上，主张"国不与民争"，维护自由经济；又"制民之产"，保障基本福利。在社会上，敦睦礼俗，再造士绅，重建自治组织。在文化上，以礼教重拾人心，以文化认同连结国人，夯实法治底盘。

第三辑
社会力量的发育

现在，我们转过身，再从"社会自治史"的角度来观察我们的传统。我们会发现，汉代之后，传统社会开始形成了一个"皇权不下县"的自治空间，在二千年的时间里，这个自治空间虽然时有伸缩，却从未消失过。

传统社会绝不是一盘散沙，而是存在着各类具有自治功能的自组织，就我略有了解的计有：私社、宗族、坞壁、寺庙、社邑、乡约、社仓、义约、弓箭社、善堂、合会、商帮、会馆、公所、行会、商会、街团、书院、讲学会、文会、团练、农会……这些自组织的自治权力大体上都得到官方的承认。此外，还有处于社会灰色地带、由游民构成的亚社会自组织，如地下帮会、教门，底层人、边缘人也有组织起来的需求，但官府常常无视这一点。

传统社会除了发育出丰富的自组织，也发展出一个庞杂的足以维持自治秩序的规则体系，这里面包括儒家伦理、风俗惯例、乡规民约、私人契约、行业规范、家法族规，等等。自组织与自治规则，恰恰是我们衡量一个社会之自治程度的重要指标。

【皇权不下县】

1、传统社会的乡村治理,有很高明之处,即在"皇权不下县"制度框架下,权威的"多中心"与秩序的"自发性"。乡村不存在唯一的权力中心,而是由士绅、耆老、宗族、乡约等地方权威与自组织共同治理。国家虽有伸入基层的半官方组织或权力经纪,如保甲长,但他们的权力与威望非常有限,通常只协助收税,乡村的交易、纠纷,基本由礼俗约束,由自发权威调解。

2、传统社会没有一个类似于村镇政府的治理中心。地方的治理权力分散在多个中心,其权力边界都是有限的,比如承担村社救济功能的有社仓,沟通国家权力的有保甲、里甲等权力经纪,维持乡土秩序的是士绅、宗族、乡约及礼俗,提供纠纷仲裁的有文会、族长、耆老等,村庄大事还有公议大会。可以说,传统社会有足够丰富的自组织与自生力量在支撑自治,如果国家权力不将它们铲除干净,想要完全伸入社会底部是不可能的。

3、明末思想家顾炎武的一段话,可以作为"皇权不下县"的注脚:"自三代以下,人主之于民,赋敛之而已尔。凡所以为厚生正德之事,一切置之不理,而听民之所自为。于是乎教化之权,常不在上而在下。"[①] 顾炎武没有明确提出"社会自治"的概念,但"不在上而在下"的教化之权,乃是社会自治之体现,自无疑问。事实上,顾炎武是有社会自治之意识的,他说,"礼者,本于人心之节文,以为自治治人之具。"[②] 即礼俗具有"自治"之功能。

---

① 明·顾炎武《亭林文集》卷五
② 顾炎武《亭林文集》卷二

清末的《南海县志》则明明白白地将士绅与宗族的治理活动归纳为"自治"了："凡乡中有更革者，有纷争者，祭之明日，大集而调理之，亦可谓能自治者也"。

【春风吹又生】

1、旧时，县衙通常设于县城的中轴，这种地理上的中轴位置恰好象征了权力乃是传统社会的中心。然而，传统社会虽有法家与皇权构建的专制和管制，却也有儒家推动、传统积累起来的自由与自治。儒学从人性善出发，相信人有"仁"（相人偶）的天性与合群的本能，由此自发形成各类共同体，演进出合群、自治的秩序。先人的经验留于历史并将孕育未来。

2、"野火烧不尽，春风吹又生"，用这句诗来形容二千年来民间社会力量在国家权力压制下的顽强生长，很是贴切。民间社会对自主结社、自治、自由的追求与实践，就如春草萌芽、蓬勃，即使是专制权力的野火，也无法将它们彻底烧光。那些将中国传统社会想象得暗无天日，进而认为中国人天生就是奴才，再进而恨不得替中国人更换基因的启蒙派，应该留心这样的历史。

【国家退，社会进】

"王权衰败"与"社会繁华"是不是呈现出反比例关系呢？好像是的，我们常常看到，当王朝发生王权衰退时，社会反而出现欣欣向荣的景象。不过，这么说很容易给人一种"治世不如乱世"的错觉。其实我们可以表述得更准确一些：国家权力退而守之（而不是进而攻之），垂衣拱手无为而治，社会当然将如阳春三月、杂花生树。

【私民社会】

1、"私民"是我杜撰出来的概念，如果说"公民"强调的是对公共政治、国家权力的参与，"私民"则强调在国家与社会之间砌立一道墙，国家权力不要干涉民的生活。中国古代尽管未能发展出像雅典城邦那样的公民社会，却有着源远流长的"私民社会"传统。不管是《击壤歌》所描述的"帝力于我何有哉"的初民生活，还是秦后所谓"皇权不下县"的治理结构，都表明在"帝力"、"皇权"之外，一直存在一个自足、自治的"私民社会"。

2、可惜在中国早期"愤青"看来，家庭、家族、宗族等传统小共同体，都是公民的大敌，须毁弃之，方能成为自由的公民。最典型的论调是刘师培1907年发表的《毁家论》，提出"今日欲从事于社会革命，必先自男女革命始"，其"拨本塞源之计"就是毁灭家庭，因为家庭乃是万恶之首、自私之源。今后大同世界，"乃皆公民无私民"。

3、毁家之后，来自传统小共同体的束缚固然消失了，但昔日"私民社会"所提供的保护外壳也不复存在了，抛掉了"私民"襁褓的所谓"公民"，如无根之浮萍，被时代洪流挟裹着起伏跌宕。最后公民社会并没有诞生，"公民"们反倒被强大的国家权力吸入到垂直的巨型组织中，成了国家机器的一颗颗"螺丝钉"。

4、我不认为"私民社会"是现代公民社会的对立面,恰恰相反,"私民社会"为公民社会的发育与成长提供了摇篮与襁褓。一个拆除掉"私民空间"的"公民社会",公民有走上广场的权力,却没有躲于陋室的权利,这样的"公民社会",我觉得很危险。守住"私民社会"的每一寸领地,再一点点向外拓展公共参与的空间,才是从"私民"到"公民"的正途。

5、优良的现代治理秩序并不是以摧毁"私民社会"之传统为前提,而是由传统秩序扩展、积累、演进而来。即使是严厉批判过宗族制度的陈独秀,也不得不承认传统社会"却有种种类乎自治团体的联合:乡村有宗祠,有神社,有团练;都会有会馆,有各种善堂(育婴、养老、施诊、施药、积谷、救火之类),有义学,有各种工商业的公所。像这些各种联合,虽然和我们理想的民治隔得还远,却不能说中国人的民治制度,没有历史上的基础。"[1] 这个"历史上的基础",其实也是构建新治理秩序的基础,用梁启超的话说,"试游我国之乡落,其自治规模,确有不可掩者。即如吾乡,不过区区二三千人耳,而其立法、行政之机关,秩然不相混。他族亦称是。若此者,宜其为建国之第一基础也。"[2]

【私生活之自由】

较之古希腊与英伦,中国古代并没有发展出一整套非常明确的限制帝王权力、保障个人自由的制度。何故?哈耶克的中国弟子周德伟先生提出一个很有意思的见解:因为在中国古代社会,

---

[1] 陈独秀《实行民治的基础》,《新青年》第7卷第1号
[2] 清·梁启超《新大陆游记》

"大多数老百姓既有私生活之自由,故不觉自由之可贵,而不能发展抗争自由之主张,建立保障自由之制度。何也?无此必要也。"[①](周德伟《周德伟论哈耶克》,北京大学出版社2005年)这种"私生活之自由",正好也说明了传统"私民社会"的发达。

【走向多中心】

如果,人们只能从属于一个共同体,则不管这共同体是以天朝上国,还是以民族国家命名,也不管这共同体是不是声称代表了全民利益,我们都可以说这共同体下的人们处于奴役状态。而打破奴役状态的途径是,且只能是,人们可以自主地加入各种小共同体,可以进行自由的横向联合,借此抗衡纵向的对大共同体的从属关系。建设公民社会,从某种意义上说,就是这么一个过程:从单一中心走向多中心,从只能附属于单一共同体(王国),转型为可加入无数个小共同体。

【民间习惯法】

1、评价社会的发育程度与自治水平,我有两个指标,一是看社会的组织化,是否有发达的组织团体,这些团体当然是指社会自发形成的自组织,而不是国家包办的"二政府"。一是看社会的契约化,是否形成一个发达的私法体系。这个私法体系也不是指国家订立的各种法条,国家法令多如牛毛未必能证明社会的成熟。至于"个人自由"、"平等精神"之类,不纳入我的观察与

---

① 周德伟《周德伟论哈耶克》,北京大学出版社,2005年。

评价指标。

2、以这两个指标相衡量,传统社会的发育是相当成熟的,自治程度也是很高的。社会自组织这一块,我下面会有不少条目谈到,现在先来看看传统社会的契约化程度。梁启超说"我国法律界最不幸者,私法部分全付阙如之一事也",这话似乎是近代激进思潮下的愤激之语,实际上中国古代在刑律之外,已发展出一个庞杂的私法体系。

3、传统社会的私法主要表现为习惯法,包括儒家伦理、风俗惯例、乡规民约、私人契约、行业规范、家法族规,等等。用传统的概念来说,叫做"礼俗"。礼俗当然由社会自发生成,但显然具有法律效力,所以古人才有"民有私约如律令"之意识。礼俗跟律法并行,即所谓"官有政法,民从私约",构成了完整的传统法系。

4、传统社会不但发展出一套庞杂的私法体系,而且民间还分享了针对民商事行为的一部分司法权,所谓"民从私契,官不为理";甚至还享有一部分刑事司法权,比如族长依据族规对族人"忤逆"行为的处罚。换言之,在传统社会中,"私设公堂"通常是合法的,社会并没有将司法权完全让渡给国家。哈耶克弟子、儒家学者周德伟先生因此认为,中国帝王"管辖人民之权力,则远不如传统风俗及孔子"。

5、一个生活在传统社会的人,可能一辈子都不会跟国家律法发生关系,但这并不意味着他活在丛林世界,或者活在鲁宾逊状态中，因为，他跟社会其他人的交往与交易，完全可以通过社会自发的礼俗来调节、规范。所以我们说，礼俗在传统社会日常生活中的重要性，远远超过国家权力与律法。而这，正是社会充分自治的表现。

6、这些古老的习惯法，并不是建立现代法治体系的障碍物，恰恰相反，只有承认而不是拂逆民间习惯法的国家立法才能够获得广大人民的认同和信任。清末民初社会大转型之际，中国司法当局曾对各地习惯法进行过一次大规模调查，并整理成《民商事习惯调查报告录》，一些地方习惯被吸纳进民国民法典。法学学者梁治平先生因此认为："礼治秩序"中有"法治秩序"的生长点，"法治秩序"也可以从"礼治秩序"中获取养分。在"礼治"与"法治"、传统与现代之间，可能存在着一些我们从来没有注意到的结合点。

【习俗】

1、我们知道，礼俗即习惯法。对于民众而言，地方的、民间的、自发的、传统久远的礼俗具有更大的影响力。在礼俗调节下，人们的合作、交易、纠纷仲裁，均可形成合理的制度、规则，而不需要国法出面干预。礼俗构成了一道有效隔离皇权渗透的屏障，有了这道屏障，社会的自治才成为可能。

2、因为说过"习俗也是自发秩序，是社会自治的习惯法"，有朋友反驳："重男轻女是传统习俗吧，难道这也是你要的习惯法？"我当然知道在某些地区，"重男轻女"的习惯由来久之，而为"重男轻女"辩解也太不"政治正确"了，但我还是想说，习俗之能成为习俗，必有其道理，它也有自我调适的功能，不必过虑。

3、就说"重男轻女"的旧习吧。据我所知，在潮汕地区，女子是没有娘家财产的继承权的。的确是很重男轻女。但也请注意，按照潮汕的习俗，出嫁的女子也不用承担赡养娘家老人的义务。在这里，权利与义务大体上是对等的。而且，随着社会结构与观念的改变，习俗也会自发地演变。我想说的是，我反对以全新的国家立法取代传统习俗。

【士绅】

1、经过历史叙述与文艺作品的抹黑与妖魔化，今人说起"士绅"，几乎都定格为"土豪劣绅"、"地主恶霸"的陈旧形象。其实过去士绅一直是社会自治的中坚力量，但凡地方上的公共工程、公共福利、教育、治安、纠纷仲裁，通常都由士绅集团主持，一般情况下，作为皇权终端机构的州县衙门并不插手。

2、士绅在地方上具有较高的地位、名望、威信与影响力，"官与民疏，士与民近，民之信官，不若信士"。这种权威并非来自民选，也不是官授，但得到地方社会的承认，我将这种建立在个人地位、声望、影响力及习俗基础之上的权威，称为"自发性权威"。一名士绅，并不是有钱有势就可以获得"自发性权威"的，他通常还需要造福于乡人，维护地方的利益，才能够在当地民众中建立声望、积累权威。

3、士绅以国家权力经纪与地方社会代表的双重身份，扮演着联结官府与民间的中介角色。因为有这么一个中介，国家才可能在"皇权不下县"的治理框架下实现对地方社会的控制，而社会一般成员才可能避开跟国家权力发生直接的接触，一个相对独立于国家权力的"私民社会"也才有可能发育成型。

4、在过去的儒家社会，不管政治是清明还是昏暗，总有若干士君子并不是汲汲于利禄，也不是"躲进小楼成一统，管他冬夏与春秋"，而是富有公共关怀的精神。即使无法施展"治国"之抱负，也怀有"仁里"之理想，致力于社会构建，造福地方，如北宋吕大钧、南宋朱熹、明代王守仁、清末张謇。近代中国的社会转型，最大的错误便是摧毁了士君子群体。

5、后世士绅"被消失"，许多人都相信是废除了科举所导致，但我认为，重要的原因并不在此。这是儒学及个人财产权被完全铲除的结果。我们看民国已无科举，但那时候的旧派知识分子，都有士绅的气质、风范。而士绅被历史清场的结果，我们都看到了，不管是政治运作还是社会治理，都无可避免地趋向劣质化、粗鄙化、庸俗化。

【回忆录中的细节】

1、传统社会是不是存在着自治的组织、自治的秩序、自治的机制？老一辈人的口述史可以提供最生动、真切的可靠证明。民国学者蒋廷黻在他的口述回忆录中说，他的家乡湖南邵阳县"一直是中国最大的县份之一"，但在邵阳县"广袤的辖区中很少有下级机构。就以我的四邻论,我们从未看到过县府人员,甚至连一个警察都没见到过。地方事务都是由亲族组织、邻里组织来处理"。其他的县何尝不也是如此?①

2、《蒋廷黻回忆录》还提到传统社会中处理纠纷的机制:"有一年大旱,为了谁家先从水塘汲水的问题发生争执。依照习惯和传统,凭地契决定先后次序而非根据法律。……借贷、利息等也都依照习惯和传统。债权人如迫于不得已,可诉之于族长或邻里组织,请求帮助收回贷款。"在传统社会,人们依照礼俗(习惯法)来安排公共生活,这便是社会自治的明证。

3、另一位民国学者杨懋春也在一本带有回忆录性质的社会学著作《一个中国村庄》(江苏人民出版社2012年)中说,清末民初的山东台头村,村庄领袖可分为正式的官方领导与非正式的民间领袖。官方领导产生自选举或政府任命,有传达与执行国家政令、收税及调解村庄纠纷的权力,但这些官方领导的威望极低,珍惜声誉的人家都不愿意充任这类职役,他们更乐意成为非官方的村庄领袖。

4、杨懋春说,"非官方领导不是通过选举或任命产生的","说他是领导,是因为他受到钦佩和尊敬,并在村庄社会生活中起着重要作用",这便是我所说的"自发性权威"。他们主要是乡绅与族长,虽然并不掌握正式的国家权力,却拥有乡族共同体认可的权威,而"官方领导一般是乡绅和族长的工作人员甚至传令员",如果官方领导没有足够的权威解决村庄的问题,就必须求助村庄

---

① 蒋廷黻《蒋廷黻回忆录》,岳麓书社,2003年。

权威出面。"自发性权威"的存在，也是我们考量传统社会自治的一个指标。

5、传统社会的治理秩序有一个有趣的现象，即"自发性权威"与官方领导并立，而且官方领导通常没什么社会地位。除了杨懋春的《一个中国村庄》，费孝通与梁启超的记述也可以证明我们的观察。费孝通在《乡土中国》（北京出版社2005年）中提到乡村调解的情况："负有调解责任的是一乡的长老。最有意思的是保长从不发言，因为他在乡里并没有社会地位，他只是个干事。"梁启超在他的自传中讲到耆老会议时说："保长一人专以应官，身份甚卑，未及年者则不得列席耆老会议。"① 保长是国家权力的经纪人，但其权威远不及地方长老，这就形成了国家权力代表受地方社会代表制衡的局面。

【小共同体】

1、对儒家主张的宗法，我听到三种评价。袁伟时先生认为，儒家宗法思想及以此建立的亲缘组织、差序格局压制了个体自由，应反对之。秦晖先生提出儒家的小共同体本位可与自由主义结为临时性同盟，共同反抗大共同体的专制，但最终小共同体本位要让位于个体本位的自由。秋风先生则主张以社会本位来讨论自由，儒家组织及构建的秩序其实就是自由之本。②

2、在我看来，儒家重伦理、宗法、宗族，乃至赞同"为父绝君，

---

① 《梁启超论中国文化史》，商务印书馆，2012年。
② 参见袁伟时《文化与中国转型》，浙江大学出版社；秦晖《传统十论》，复旦大学出版社，2003年；姚中秋《寻找中道》，语文出版社，2012年。

不为君绝父",天然地具有认同小共同体自治的倾向。小共同体之存在,恰恰是社会得以形成的先决条件,无会社,便不可能有社会;有会社,方有可能生成社会。以血缘和宗法联结起来的宗族组织,是古典时代最为重要的社会治理共同体,也是社会自治的发育基点。

【商鞅的负遗产】

1、不管是体制内的教科书,还是体制外的写《丑陋的中国人》的柏杨先生,都将商鞅视为伟大的改革家。商鞅的确成就了秦国这一虎狼之国,却差不多毁灭了先秦正在发育的社会。看看商鞅变法之重点:愚民(愚农不知)、限民(使民无得擅徙)、穷民、弱民(民弱则尊官,贫则得赏)、抑商、重税、严刑。在商鞅手里,国家权力空前膨胀。

2、我说商鞅毁灭了先秦正在发育的社会。有朋友发疑问:先秦有社会吗?先秦怎么没有社会?里社(里有里父老)、乡校、孔子的讲学团体,都是独立于国家行政体系的社会组织,钜子还率领着一个严密的墨家组织。周设六乡,其居民为"国人",属自由公民,有参与政治、教育和选拔的权利。这是最早的公民社会,至少是其萌芽。

3、秦制发明了"编户齐民","四境之内,丈夫女子皆有名于上,生者著,死者削",即全体臣民必须登记户口,生了孩子或死了人,都必须向官府报告。在"编户齐民"的制度基础上,又实行"什伍连坐"的社会控制术,"伍"指五家,"什"为五十家,什内"相牧司（举发）连坐"，人人有告奸之义务，"不告奸者腰斩，告奸者与斩敌首同赏，匿奸者与降敌同罚"①

4、秦制在郡县之下置乡，乡下置亭（警察系统的末端）、置社（意识形态系统的末端）、置里（行政系统的末端），国家权力的神经末梢伸入社会最底层。里是五十户家庭的编制单位，跟什伍制的"什"重合，换言之，在国家行政末端——里的下面，又通过编户齐民、什伍连坐，将每一个家庭、每一个人都置于国家法网的监视与控制之下。即使是个别脱离了户籍地控制网络的旅人，也将受到"投宿实名制"的监管。这是一种国家权力无孔不入的社会控制体制。

5、在严格的秦制之下，是不允许存在什么"社会力量"的，当然也就更谈不上有什么"社会自治"了。商鞅设计的这套权力体系，涵盖了在国家治理层面的君王"独制于天下而无所制"，以及在社会治理层面的"制民"之术，用商鞅的话来说，就是"昔之能制天下者，必先制其民者也；能胜强敌者，必先胜其民者也"②。商鞅之术，也成了中国社会治理秩序演进史上的一笔负遗产。

【三老】

汉代的县乡均设"三老"，掌教化，也参与地方社会治理，县三老地位甚至在县令之上。一种习见以为三老是行政序列内之吏、国家权力之末梢，但实则，三老非吏，而是地方推举产生的

---

① 《史记·商君列传》
② 《商君书·画策》

社会领袖、民意代表，拥有"与县令丞尉以事相教"的治理权。县三老权力类似于县参议长，乡三老类似于县参议员。按照钱穆先生的看法，汉代三老乃是地方自治组织的领袖，"中国本有地方自治组织，其首领称三老"①

【侠】

1、在中国历史上，曾经存在过一个跟西方的骑士颇为相似的群体，他们重信义轻死生，一诺千金，言出必行，视声誉重于性命。他们藐视权贵与王法，"权行州里，力折公侯"。他们就是汉代的任侠，一股庞大的社会势力。汉后，任侠消亡，侠的精神一部分化为帮会的义气，一部分作为侠义气概为儒家士君子所吸纳。明代有不少大儒，都有任侠之风，如王阳明，"初溺于任侠之习"；黄宗羲，"初锢之为党人，继指之为游侠，终厕之于儒林"；东林党人也颇有侠风②。

2、侠是典型的私力救济。社会需要私力救济吗？设想一下：如果一个十恶不赦的人通过贿赂法官，逃过了法律的制裁，那社会可不可以用私力来惩罚罪犯、彰显正义？再比如，假设这个恶魔聘请了一个强大的律师团，巧妙地钻法律漏洞，以合法的程序逃避罪与罚，那我们不欢迎有一位大侠出来替天行道吗？

3、在好莱坞电影《夜魔侠》中，马特白天是律师，夜晚则

---

① 钱穆《中国历代政治得失》，生活·读书·新知三联书店，2001年。
② 参见余英时《侠与中国文化》，《中国文化史通释》，生活·读书·新知三联书店，2012年。

化身为夜魔侠，惩处逃过法律制裁的罪犯。马特的双重身份——白天的律师与暗夜里的夜魔侠——正好是一个隐喻，律师象征着国家—法律的公共救济，侠则代表了社会—私人的私力救济。如果国家的公共救济不能提供正义，那为什么不可以诉诸私力救济？在我看来，这是对自然法的直接援引，是自然正义的体现。

【我解"桃花源"】

1、陶渊明《桃花源记》是一篇反映古人对"自由社会"之理解的寓言。理想的自由社会形态就如桃花源：国家的影响力减至最低程度，社会由自发秩序自治，官无为而民自化。桃花源之与世隔绝，乃是象征将国家权力区隔在外，此即所谓"不知有汉，无论魏晋"；远离国家权力的人们则通过自治建立起"怡然自乐"的治理秩序。

2、陶渊明的思想显然有受道家影响的一面，他笔下的桃花源似乎也很接近老子"小国寡民"的理想社会。老子构建理想社会的法则是"我无为而民自化"，但靠自然的"民自化"，能不能"化"出一个桃花源来呢？这个提问，牵涉到道家治理法则与儒家治理法则哪种更可欲的问题。儒、道都主张"无为而治"，但老子的"我无为"是取消了治理者，社会回归自然状态；儒家的"无为而治"则指国家权力不宜扩张，至于作为社会治理主体的士君子，是应当"有为"的，这个"有为"，便是积极去构建社会治理的合宜秩序。

3、桃花源的面目是道家式的，但它的实现路径只能是儒家式的。最有力的解释来自对桃花源原型的考察。陈寅恪先生在《桃花源记旁证》中考证出桃花源的原型为魏晋南北朝的堡坞。所有的堡坞都由有社会权威的豪族领袖率众构建出来，而治理秩序最好的堡坞则是儒家士君子构建的，其典范为东汉末儒士田畴建立的"无终山都邑"。

【无终山都邑】

1、许多人都相信陶渊明笔下的"桃花源"是虚构的乌托邦。其实桃花源式的小邦国社会，并非全然出于想象，而是确实曾经被构建出来。东汉末儒士田畴，为避战乱与政治迫害，"率宗人避难于无终山，北拒卢龙，南守要害，清静隐约，耕而后食，人民化从，咸共资奉。"① 田畴所建立的堡坞，叫做"无终山都邑"。

2、无终山都邑社会的形成，比较有意思，值得分析。首先，这个无终山都邑是自发形成的，原来只是田畴带着族人避世于此，"营深险平敞地而居，躬耕以养父母"，后来，"百姓归之，数年间至五千余家"，形成一个相当繁华的都邑。这一点非常重要，与后世那些以强力绑架民人参与的乌托邦实验区分开来。

3、其次，无终山都邑也是作为儒士君子的田畴有意识地构建的结果。史载，"畴谓其父老曰：'诸君不以畴不肖，远来相就。众成都邑，而莫相统一，恐非久安之道，原推择其贤长者以为之主。'皆曰：'善。'同佥推畴。"显然，田畴意识到，治理一个共同体需要秩序与权威。不过，他当上都邑之主，并非自封，而是

---

① 《三国志·魏书》，下同。

经过民主选举。

4、田畴当选为无终山都邑之主，在征得邑中众人同意之后，开始立法制礼，即有意识地去构建都邑的治理秩序："乃为约束相杀伤、犯盗、诤讼之法，法重者至死，其次抵罪，二十余条。又制为婚姻嫁娶之礼，兴举学校讲授之业，班行其众，众皆便之，至道不拾遗。"可以推断，田畴所立之法、所制之礼，不会是凭空设想，肯定是基于传统的礼法积累。

5、写《桃花源记》的陶渊明大约比田畴晚出生200年，但田畴建立的无终山都邑让陶渊明深为向往，他曾千里迢迢跑到无终山一游，并写了一首诗来抒发思古之幽情："辞家夙严驾，当往至无终。问君今何行？非商复非戎。闻有田子泰，节义为士雄。斯人久已死，乡里习其风。生有高世名，既没传无穷。不学狂驰子，直在百年中。"①诗中的田子泰，即是田畴。陶渊明创作《桃花源记》，很有可能便是以田畴的无终山都邑为原型。

6、从东汉田畴构建的"无终山都邑"，到陶渊明笔下的"桃花源"，这种中国式理想社会，并不是欧陆哲人王凭空设想、设计出来的那种乌托邦，而是确实存在过的社会自治样本，它显示了社会在儒家士君子的组织下，完全可以自发形成优良秩序的可能性。许多人或不知道，清末民初张謇主持的南通自治，就是以无终山都邑为模范的。

---

① 陶渊明《拟古九首》之二

【沙门不敬王者】

1、佛教传入中土后,出现了一个问题,即佛门与世俗的权力王之间应是什么关系?东晋时,车骑将军庾冰指斥僧侣"遗礼废敬"、"伤治害政"。稍后,太尉桓玄致信净土宗的慧远大师,要求沙门一律要礼敬王者,慧远则在回信中,提出了一个著名的观点:"沙门不敬王者"。在慧远大师看来,出家人跳出三界外,不在红尘中,不应该受世俗礼教的约束,也不受俗世王者的管辖。

2、不过,"王者"不会放弃对"沙门"的管辖。历代律法均规定,出家必须获得国家批准、持有官方颁发的度牒,私自出家当和尚是要照例治罪的;非经礼部批准也不得私建寺庙,违者严惩不贷。显然,官府一直在谨慎地控制着僧侣阶层的规模,并向出家人表明:方外世界也不能脱离世俗权力王的管理。所以,传统社会一直未能发育出一个可以跟皇权分庭抗礼的强大教权。

3、尽管如此,佛教还是成为传统社会中最有力量的非政府机构之一。在组织社会救济、公益慈善方面,佛门寺院所发挥的作用是无与伦比的——特别是在宋代士绅群体尚未崛起之前。这里引用秦晖先生的一段文字:研究者认为当时(指宋代)的寺院已成为"社会上最有规模及组织的民间慈善公益团体"[①],它提供了种种福利产品,"使幼有所养,病有所医,饥有所食,老有所归,死有所葬,行者得桥道而行,渴者得甘泉而饮。"

---

① 秦晖《传统十论》,复旦大学出版社,2003年。

【乡庙社神】

1、民间的乡庙社神对于村社秩序的维持，也有着举足轻重的意义。古人说："神以像设，不能耳提面命而民敬逾守令，爱逾父母。"在传统社会，神灵被认为掌控着人世祸福，因而对于俗世具有毫无疑问的动员力量。为跟神灵争夺对乡土社会的控制权，官府也总是将民间信仰事务纳入到国家管控体系内，严厉禁止"淫祀"、"私祀"。所谓"淫祀"、"私祀"，指的是民众私自祭祀那些没有获得国家承认的非法神灵。

2、然而，只要朝廷无法建立并维持一个全能全知的权力体系，民间的"淫祀"、"私祀"就不可能被禁绝。在社会发育越是充分的地方，比如明清时代的江南，"淫祀"、"私祀"之风更加强盛。乡庙社神不仅为村民、市民提供了精神信仰，也为民间社会供应大众娱乐（如庙会、社戏）、修路、救济等公共品，而且，神灵也是维持地方社会之治理的权威来源之一，所以庙宇通常也是一地最重要的公共议事场所。

【私社】

1、秦制将全国子民"一视同仁"（实则是"一视同不仁"）地纳入编户齐民，人们除了成为国家机器的螺丝钉之外，不可以结成任何脱离国家控制的社会自组织。然而，人们自己组织起来的需求与能力，是不可遏制的。秦朝被推翻之后，尽管历代官府对民间结社还心存警惕，但社会还是逐渐发育出了各类自组织，比如私社的出现与发展。

2、社，原为官府组织起来的祭祀共同体，是为官社。汉代出现了民间私自成立的"私社"，"旧制二十五家为一社，而民或十五家共为社，是私社"。官方对私社似乎并不容许，史载，"建昭五年（公元前34年），兖州刺史浩赏禁民私所自立社"[①]，但终究是禁不住的，民间私社越来越盛行，类型也越来越多样，有"父老悍"、"正卫弹"、"酒单"、"孝子单"等等。

3、唐代，私社繁多，各类宗教性质的"社邑"在唐代非常流行，不少行业也成立了具有一定自治功能的社团，如亲情社、官品社、坊巷社、香火社、燃灯社、米社、牛社、渠社。几个情投意合的唐代女子出于互助的目的，也可以结成自己的组织，这叫做"女人社"。虽然唐高宗也曾下诏禁绝私社，但到了唐玄宗时代，政府已不得不承认私社的存在。

4、私社发展到唐宋时期，已经出现了相当成熟的组织结构：社有领袖：即社长、社官和录事，称为"三官"，"三官"由社人推举产生；立有"社条"，这是社中成员包括"三官"都必须遵守的规则；以社人会议为一社最高权力机关，社条的订立、"三官"的选举与改选、社人的出入社申请，都由社人会议商量、决定。谁说古人不晓得民主的道理呢？

5、古人结成私社，乃是基于这样一种认识："父母生其身，朋友长其志。遇危则相扶，难则相救。"（敦煌出土文书之社条）

---

① 马通临《文献通考》卷二百九十九

因而，私社就是一群人通过订立契约，自由、平等、民主地结合而成的互助组织。一社之内，社人"贵贱一般"，"如兄如弟"（女人社则以姊妹相称），各自的权利与义务由社条规定。当社人遇有灾难或红白喜事时，则可从社中获得救济与礼仪。

【市民社会的力量】

1、唐宋之际，是中国市民社会开始形成的时段，进入宋代，则出现了发育得相当成熟的市民阶层——坊郭户。说它"发育成熟"，是指这个阶层已经有力量、有意识去抗衡、突破来自国家权力的束缚。北宋初，按朝廷的规定，庶人着装只准用皂、白二色，紫色则是权贵专用的富贵之色，庶人不得使用，但是市民偏以紫色为时尚，到了宋太宗朝，皇帝只好"以时俗所好，冒法者众，故除其禁"。权力管制对市民时尚不得不作出了让步。用德国社会学家格罗塞的话来说，"那些反专制主义的思想时代，将会消灭了装饰的权势"。

2、"罢市"的出现，更显示了一个发育出来且成长起来之市民社会的力量。中国最早的具有市民维权内涵的罢市行为即出现在唐宋之际。唐德宗时，由于长年用兵，国库虚空，朝廷决定向富商借钱以充军饷。说是借钱，实则跟抢劫差不多，官府"搜督甚峻，民有不胜其冤自经者，家若被盗"[①]，市民于是集体反抗，"长安为之罢市"，迫使唐德宗停止"借钱"。北宋初，东京的商民为抗议官吏的勒索，也爆发过一次大罢市，"廛市之间，列肆尽闭"，

---

① 《新唐书·食货志》

最后宋太祖下诏告诫官吏不得贪赃枉法。

【小报与出版业】

1、有人说西汉开始出现的"邸报"就是世界上最早的新闻报纸，其实"邸报"只是官方机构发布皇帝谕旨、诏书、臣僚奏议的内部文件而已。最早的具有新闻纸性质的日报，应该是宋代的"小报"。小报是由一些能获得朝廷内部消息的人私下编印、发行的报纸，以刊登政治时事、官场情报为主，由于这些时政消息往往早于官方文件的发布时间，"率有漏泄之禁，故隐而号之曰'新闻'"。宋人说的"新闻"，跟我们说的"新闻"，含义却也差不多。

2、宋代小报养有自己的"通讯员"、"报料人"，"有所谓内探、省探、衙探之类，皆衷私小报"。小报"日书一纸"，"印卖都市"，因为购买的读者不少，所以小报的"发行人"往往能"坐获不赀之利"①。看起来，宋代小报已具备一份近代商业性新闻报纸的雏形了：一、它并非官办的文件；二、它有一个专业的新闻团队在操作；三、它是市场化运作的，读者多了，它就能盈利，读者少了，它只好关门大吉。

3、宋代的出版业也是空前发达，出现众多民间出版社——书坊，著名的理学家朱熹就开设过书坊。繁荣的书业还让宋代出版人萌生了版权意识，并催生出版权保护法令。在宋代，你刻一

---

① 《宋会要辑稿·禁约》

部书，投入物力人力，耗时耗工，如果受到盗版，损失很大。有个出版人曾向两浙转运司提出版权保护申请："今来雕版，所费浩瀚，窃恐书市嗜利之徒"，将书盗版，故"乞行约束，遮绝翻板之患"。转运司同意了他的申请，"令出榜衢、婺州雕书籍处张挂晓示，各令知晓"，如发现盗版之人，"追究毁版"[1] 这是世界上最早的版权保护案例。

【民间武装】

1、徐克电影《七剑》讲述了这样一个故事：清兵入关，为防民间反抗，清廷颁下"禁武令"，朝廷鹰犬剿杀各地武林人士，由此引发七剑下天山，对抗清廷。但"禁武令"可能是徐克虚构出来的。事实上，在传统社会，民间习武自卫，乃至成立保护家园的武装组织，也不是什么大逆不道的事情。晚清时，不是各地大办团练么？

2、早在汉代，便有世家大族令族人"缮五兵，习战射，以防寒冻穷厄之寇"，负起保卫乡里之责。北宋时，河朔百姓为抵御外敌侵略，结成"弓箭社"："不论家业高下，户出一人，又自相推择家资武艺众所服者，为社头、社副、录事，谓之头目。带弓而锄，佩剑而樵，出入山坂，饮食长技与北虏同。私立赏罚，严於官府，分番巡逻，铺屋相望。"[2]

3、南宋时，江淮一带也出现大批民间自发组织起来保境御敌的义社，因为多依山傍水结成寨堡，故称"山水寨"。山水寨

---

[1] 清·叶德辉《书林清话》卷二
[2] 宋·苏轼《乞增修弓箭社条约状》

是南宋抵御金兵、蒙古铁骑的重要武装力量，其战斗力，甚至超过官兵，"一寨之勇，过于禁兵百人"。弓箭社、山水寨的出现，显示了社会的自治能力——如果国家无力给人民提供保护，社会也会自发组织起来自我保卫。

【宗族·维护自治】

1、近代历史学者蒋廷黻先生在其回忆录中说："在乡间，每族都有他们自己的祠堂和族长，族长在家族中具有无上权威。大多数的祠堂都有祠堂公产，公产收入用于修缮、祭祀、救济族人，补助同族子弟，特别是聪明而贫苦的学生学费。族人间的争执大都由族长们出面排解。"[1] 宗族是我们的先人们维持民间自治的最重要组织之一。宗族曾获儒家的"二轮半"构建：汉儒构建了士族；宋儒构建了平民宗族；晚清士绅则试图将宗族改造成训练民主自治的典范，可惜这轮改造没有完成，半途而废。

2、旧时宗族具有患难相恤的族内救济功能。抄几条族规吧——清代常州长沟朱氏祠规："赤贫与有废疾不能举火者，公祠每月给米一斗五升，以救残喘。"朱氏宗族还设有义仓，"每年正月十五后，本族之贫者"可赴祠借贷。又设有义学，"族中贫不能延师者，俱送子入祠读书"，其父甘于废弃不送读书，罚银一两。常熟的丁氏宗族设有义庄，其规条说，"族支贫乏应恤者"，可以领米，"应给之口，无论男女"，17岁以上可领若干，11岁至16岁可领若干，5岁至10岁可领若干，规定得非常细致。60岁以上

---

[1] 蒋廷黻《蒋廷黻回忆录》，岳麓书社，2003年。

的孤寡老人、16岁以下的孤儿以及孀居寡妇，除了每月给米，每年还给钱。清代宁波镇海的方氏宗族则设有义塾，族内穷家孩子免费入读[1]。

3、美籍学者蔡莉莉的研究，也可以证明宗族组织在维持社会合作与自治方面具有举足轻重的作用。她曾经利用河北、山西、福建和江西等四省316个村庄的数据，进行详细的实证比较，结果发现：大凡存在着发达的民间团体（特别是宗族组织）的村落，大多建立了比较健全的公共设施与公共服务，反之，村庄的公共治理往往十分落后。蔡莉莉的研究显示，在中国，决定村庄治理水平的关键因素，首先并不是经济水平或者政治形式的差异，而是当地是否存在宗族组织等社会团体。我翻了部分清代至近代的族规，也从一些宋明清笔记及学者研究中大致了解到传统宗族的运作情况，基本上也可以得出一个结论：宗族虽有对个人束缚的一面，但其为成员提供庇护、救济及认同，且在一定程度阻挡了国家之权力辐射的另一面，更应当指出来。传统社会的遗憾不是宗族太强大，而是还不够强大。

【宗族·抗衡专制】

1、宗族掌握着一部分民事司法权，许多宗族的族规都明确要求：族人如有争端，应先诉之族中，由族会或族长作仲裁、调解，若宗族无法解决，方准鸣官，如果越过宗族径自逞词告状，则按家法重惩。这种民事司法权也获得官府的承认。显然，假如纷争

---

[1] 参见费成康主编《中国的家法族规》，上海社会科学院出版社，1998年。

在闹上公堂之前就由宗族机制消化掉,则不仅能够保全了宗族的声名,也可以让族人避免在打官司的过程中遭受官府、差役、胥吏的敲诈勒索。所以明末大儒顾炎武说,"宗法立而刑清……民自不犯于有司"①。

2、宗族还能够为族人提供少纳钱粮、免受盘剥的庇护,比如有些宗族设有轮值的"听年",专门应付官府的赋役催缴,即收税时,由"听年"向族内各户催征,再上交官府。这样一来,虽然在名义上官府是直接向各个税户抽税,但宗族——同一祖宗召集下的税户联合体——已成为实际上的缴税单位。宗族成为缴税单位的好处是显而易见的,不但族内各税户可以避免直接面对如狼似虎的粮胥税差,宗族共同体也可以在内部对赋役负担重新分配和统筹。

3、正因为宗族是可以抵御皇权专制的民间组织,强盛的宗族也为朝廷所忌。宋代江州陈氏义门"萃族三千七百余口",一直"恪守祖训,不敢分析",宋仁宗便以"义门盛大"为由,下旨让陈氏分家,将义门分拆成约三百个家庭②。宋仁宗的做法尚算温和,相比之下,明太祖就血腥得多了——明代初叶,"浦江郑氏九世同居,明太祖常称之。马皇后从旁恚之曰:'以此众叛,何事不成?'上惧然,因招其家长至,将以事诛之"③。要说遗憾,就是在专制皇权之前,传统社会中的宗族力量还是发育得不够强大,不足以抗衡皇权。

---

① 明·顾炎武《日知录》卷六
② 《义门陈氏大成宗谱》卷三《义门分庄纪实》
③ 清·方孝标《钝斋文选》卷六

【宗族·民主训练】

1、说到宗族的内部治理，人们容易一下子就想到尊卑有别、长幼有序、等级森严的宗法。但实际上，这种宗法秩序通常只体现在礼仪与精神上，对族内政务性的治理，宗族则表现为另一种比较平等与民主的秩序，比如族中公事由各房公议、族会决议，族长由推举产生，其族权也受族规约束。宗族固然谈不上有多么民主，但许多人也将宗族专制的程度夸大了。

2、这里特别值得一提的是有些宗族实行的"宗子—家长分立制"，如明代士大夫霍韬订下的《家训》说："凡立家长，惟视材贤，不拘年齿，若宗子贤，即立宗子为家长，宗子不贤，别立家长。宗子只主祭祀"。这一两权分立模式也体现在明初郑氏义门的《规范》中：立宗子为族首，世袭，其职为礼仪性质的"上奉祖考，下壹宗族"，如同虚君；另推选众望所归的长者任家长，"总治一家大小之务，凡事令子弟分掌"，权力类似于首相。于政治而言，虚君立宪制不正是这样吗？

3、到了清末，有着立宪思想的士绅还相信：传统的宗族组织是可以成为宪政的训练基地的。订立于宣统二年的《上湘龚氏族规》说，"窃我国预备立宪，必人人有自治之能力，而后有国民之资格。而欲求自治方法，莫如从家族入手。"反而是那些留学日本的新式知识分子（有点类似今日反传统的"自由派"），竟主张毁家，乃至废姓。

4、最能体现宗族民主自治精神的，大概要算上海曹氏宗族在宣统元年开始实行的"谯国族会"了。曹氏族会设有议长、副议长、评议员、契券保管员、会计、庶务、文牍、征租等，均经投票公举产生。举行族会时，须"议员半数以上到会，方得开议。到会议员有过半数同意方得取决"；"议员意见或两歧时，以多数取决；两数相等，则取决于议长"；"主席（议长）有汇集到会议员意见分付表决之权，惟不得参加己意；如有发表，须请副议长主席，而退就议员位，方得发言"[①]。可以看出，曹氏族会已具备相当完善的议会品质。

【范氏义庄】

中国历史上，维持时间最长久的NGO组织是什么？可能是范氏义庄：一个面向范氏族内、兼惠亲戚乡里的资助、救济组织，从北宋一直延续至清末，维持了近一千年。范氏义庄为范仲淹所创立，北宋皇祐二年（1050年），范仲淹在原籍苏州购置良田千亩，作为族内公益基金（义田），义田每年收取的租米，用于赡养族人、供养族学（义学），又设立管理范氏宗族公益基金的机构（义庄），制订义庄《规矩》（族规）。一套完备的管理制度，使得范氏义庄得以延续近千年。

【天下粮仓·常平仓】

1、常平仓大概是中国历史上最早的建制化官办公益机构（之

---

① 民国《上海曹氏族谱》卷四

一），汉代时已有常平仓之设置。所谓"常平"，乃是指"谷贱时增其贾而籴，以利农，谷贵时减贾而粜"[1]，以平抑物价。另外，常平仓也具有政府救济的功能，"如遇凶荒，即按数给散灾民贫户"[2]。上世纪三十年代，美国罗斯福政府实行新政，还曾将常平仓思想引入美国农业立法。

2、钱穆先生说，"据说美国罗斯福执政时，国内发生了经济恐慌，闻知中国历史上此一套调节物价的方法，有人介绍此说，却说是王荆公（王安石）的新法。其实在中国本是一项传统性的法制"。担任过美国农业部长的华莱士也承认，"我接任农业部长后，在最快的时间内敦促国会通过立法，把中国古代农业政治家的实践——'常平仓'引入美国农业立法中"。[3]

3、从初衷看，常平仓不可谓不是"良法"。然而，历史的经验表明，任何官办机构几乎都免不了被权力异化，常平仓施行日久，也沦为"吏以为市，垄断渔利"之法。汉元帝时，诸儒提出毋与民争利，请罢常平仓。东汉明帝又拟设置常平仓，有官员即以常平仓"外有利民之名，而内实侵刻百姓，豪右因缘为奸，小民不能得其平"为由，反对复置常平仓[4]。从汉至清，常平仓的弊病几乎是定期发作的。

---

[1] 《汉书·食货志》
[2] 《大清会典事例》
[3] 钱穆《中国历史研究法》，九州出版社，2012年。
[4] 《后汉书·刘般列传》

【天下粮仓·义仓】

1、义仓出现的时间晚于常平仓,始见于隋朝:由官府"令民间每秋家出粟麦一石以下,贫富差等,储之闾巷,以备凶年"[1]。之后唐太宗又将义仓之法加以完善、推广,规定"王公已下垦田,亩纳二升","贮之州县,以备凶年"。常平仓之粮出于官,而义仓之粮出于民,由政府强制征收,代为管理,类似于某种强制保险。

2、在官府力推之下,大唐"天下州县始置义仓,每有饥谨,则开仓赈给",义仓良法,看起来很美。然而,很快,义仓之粮便被官府挪作他用,"其后公私窘迫,渐贷义仓支用,自中宗神龙之后,天下义仓费用向尽"[2]。后世见识过社保基金被政府部门挪用来填补财政窟窿的人,对此应该不会感到意外。

3、义仓之败坏,其害甚于常平仓。原因宋人已说得很清楚了:"常平出于官,义仓出于民。出于官者,官自敛之,官之出之,其弊虽不足以利民,亦不至于病民。出于民者,民实出之,官实敛之,其弊也不惟民无所出,而官从而病之。此祖宗之亟行亟罢,非为一时之虑也,为异日虑也"[3]义仓之法,最后变成官府加税的名目,人民不但得不到救济,反而被强加了负担。所以宋朝刚刚实行义仓之政,很快就发现了它的隐患,又罢了义仓。

---

[1] 《隋书·长孙平传》
[2] 旧《旧唐书·食货志》
[3] 《宋史全文》卷八《宋大事记讲义》

【天下粮仓·广惠仓与青苗法】

广惠仓为宋代首创。与常平仓之粮来自官、义仓之粮来自民不同,广惠仓的粮米来自无主的绝田,这些绝田由官府"募人耕,收其租,别为仓贮之,以给州郡郭内老幼贫瘠不能自存者"[①]。可以看出,广惠仓是官设的济贫机构。后来王安石秉政,将常平仓与广惠仓的钱粮改为青苗法的贷本,向人民放高利贷。

2、青苗法是什么?就是官办的农村小额贷款机构。官办,意味着它不但可以放贷,而且能够强制放贷。虽然朝廷在推行青苗法的诏书上明令"禁抑配",即不准地方官强行向百姓摊派。但是,一桩事情由官府挟国家权力之威来操办,能不抑配吗?不但抑配,而且主持青苗的官吏还将贷款的年息从20%提高到40%,乃至更高。于是民深受其害。

【天下粮仓·社仓】

1、社仓是传统社会的NGO。第一个社仓由南宋士绅魏掞之1150年创立于福建招贤里。稍后(1168年),魏掞之的好友朱熹也在五夫里设立社仓。宋儒设置社仓的初衷,是因为他们认为当时的官方救济不尽可靠,那么士绅应当担起造福乡里之责,建立民间的自我救济体系,这样,乡人遇到凶岁饥荒时就不必全然依赖有司了。

---

① 宋·马通临《文献通考》卷二十六

2、社仓类似于今日社会贤达所办理的农村小额扶贫信贷,每年在青黄不接的五月份放贷,借米的人户则在收成后的冬季纳还本息。与青苗法不同,社仓由地方士绅组织并管理,人户是否要借贷也采取自愿原则,"如人户不愿请贷,亦不得妄有抑勒"[1]。抑勒,就是强制、摊派之意。在朱熹的规划中,特别强调了社仓运作应独立于官方权力系统之外,不受官府干预。

3、1181年,朱熹上奏朝廷,建议在全国推行社仓之法。宋孝宗采纳了朱熹之议,下诏推广社仓,四五十年下来,朱子社仓"落落布天下"。然而,在社仓获得官府青睐的过程中,随着国家权力的介入越来越深,这一NGO组织也慢慢变质,最后居然成了"领以县官,主以案吏"的官办机构,并且跟青苗法一样暴露出"害民"的弊病[2]。

4、朱子社仓由朝廷大力倡行之后,渐渐沦为害民之法,"非蠹于官吏,则蠹于豪家"[3]。值得指出的是,"蠹于官吏"的危害无疑更甚于"蠹于豪家",因为官吏掌握着"豪家"所没有的国家权力。时人俞文豹描述了南宋晚期社仓"蠹于官吏"的情形:一方面官府强制征收仓米,另一方面又将仓米挪作他用,即使遇到荒年,也"未尝给散"[4]。民间公益给权力一插手,就变得乌烟瘴气了。

5、南宋末,朱熹的"再传弟子"黄震对官办的广德军社仓

---

[1] 宋·朱熹《社仓事目》
[2] 宋·王柏《鲁斋集》卷七《社仓利害书》
[3] 宋·林希逸《跋浙西提举司社仓规》
[4] 宋·俞文豹《吹剑录外集》

进行了"国退民进"的改革,"请照本法(朱子社仓之法)一切归之民",即恢复社仓的NGO本色,委任地方士绅掌管仓米的借贷,官方只负责监督社仓"照官秤公平出贷",而不准插手社仓的具体运作[①]。黄震的社仓改革方向当然是对的。宋代社仓原本就是由士绅发起于民间、并且在士绅主持下运作良好的社会自组织,又何必要官府插上一脚?

6、社仓发展到清代时,又由于受政府控制,也出现了"蠹于官吏"的弊病:"近来官为经理,大半皆藉挪移,日久并不归款,设有存余,管理之首事与胥吏亦得从中盗卖"[②]。到清代后期,由于社仓已荒废,不可修补,又有士绅出来"募捐田亩",购置房屋设立义仓,"办理积仓备荒"。这里的"义仓",为绅办,已不同于隋唐时期的官办义仓。这是义仓的再生。

7、现在,我们回头看看常平仓、义仓、社仓的发展轨迹,似乎可以得出一个道理:官办的公益救济,虽然从其初衷看,是"利民之良法",但只要运行日久,几乎都无可避免地沦为害民之法。另一方面,面对官办机构的缺陷或败坏,儒家士君子也有足够的热情与技艺组织民间结社互助,主持NGO的良性运行。这正是中国传统社会得以生生不息的内在动力。

【乡约】

1、历史学者蒋廷黻的回忆录多次提到旧日社会的"邻里组

[①] 宋·黄震《黄氏日抄》卷七四
[②] 《嘉庆朝实录》

织"，邻里组织是什么样子的？蒋廷黻说，"邻居之间，也有他们自己的组织，在他们中心设立一个办公处。如有事端，如匪警等，邻里组织的自卫队就穿上制服，执干戈以卫桑梓。"这个邻里组织，可能是里甲、保甲，也可能是乡约。[①]

2、历史上第一个乡约由北宋理学家吕大钧创立于家乡陕西蓝田，随后由南宋朱熹加以完善，并由朱熹弟子付诸实践。宋人设立乡约的目的是，将乡党们结成一个乡族共同体，大家"德业相劝、过失相规、礼俗相交、患难相恤"，从而形成"一乡化焉"的优良自治秩序。简单地说，乡约就是具有教化、救济与公共治理功能的村社自治组织。

3、宋代的乡约，完全是士绅自发倡立的民间组织，乡人可自愿加入或退出。乡约成立后，由约中众人推举出一位德高望众、正直公道之人，担任"约正"，为乡约最高领袖，执掌约中赏罚、决断之权；乡约的日常管理则由"直月"负责，"直月"是轮值的，"不以高下，依长少输次为之"，一人一月，一月一换。乡约，既是自由的（自愿出入），又是民主的（公选领袖），也是平等的（约众不分地位高下，以年齿为序充任"直月"）[②]。

4、宋代之后，乡约的演化大体上就是国家权力介入越来越深的一个过程。朱元璋曾经亲自编制《大诰》、"圣谕六言"，诏令天下官民之家，宣讲"圣谕六言"，诵读《大诰》。后来讲读"圣谕六言"就成了明代乡约有别于宋代乡约的一大特色，这是国家

---

① 蒋廷黻《蒋廷黻回忆录》，岳麓书社，2003年。
② 宋·吕大钧《吕氏乡约》

对乡约的利用，它一方面推动了乡约在明代的兴盛，催生一大批官办乡约，另一方面则导致乡约逐渐丧失自治的本色，沦为国家的教化工具。

5、到了清代，乡约严重职役化，其职能为协助官府收税、监控社会治安等，彻底成为官府控制社会的神经末梢。来看看清代顺天府宝坻县的乡约长选举：非经地方官衙批准，不得选举；候选人名单由官衙审核；官衙批准选举之后，选出的人选限期到官衙签署保证书；然后官府发给委任牌。完全失去了乡里自治的精神。直至清末，随着绅权的扩张，乡约的自治精神才得以复活。

6、清末民初，定县翟城村在乡绅米春明、米迪刚父子带领下组织的村自治，成绩尤其令人瞩目，深得宋代"吕氏乡约"之精神。时人以为翟城村自治模仿自日本的村町，但翟城村人认为这些"皆属不知内情之谈"，实际上，翟城村自治的经验来自传统，包括"吕氏乡约"的自治传统，"多系按照乡土人情、风俗习惯，因革损益，量为兴作"①。

【福利病与民间救济】

1、宋代因为对福利制度的重视，导致出现了一些我们在近代福利国家中常常见到的"福利病"，如北宋的州县为了给居养院配备炊事员、保姆、乳母、勤杂工，添置火头具饮膳、衲衣絮被（这个福利标准是不是太高了呢？），"不免率敛"，以致"贫

---

① 转引自牛铭实《中国历代乡约》，中国社会出版社，2005年。

者乐而富者扰矣"[1]（《宋史·食货志》），当时的民谚甚至有官府"不养健儿，却养乞儿；不养活人，只管死尸"之讥[2]（宋·陆游《老学庵笔记》卷二）。但消除"福利病"的办法，并不是取消福利本身，而是发展出强大的民间福利体系相弥补。

2、事实上，宋代社会在国家福利体系之外，还存在着一个由士绅主持、覆盖面更为广泛的民间救济体系，比如，有扶贫的社仓，有资助产子之家的举子仓，有周济贫寒族人的义田，有给养贫苦孕妇的义庄，有为灾民提供饮食的粥局，还有"悯穷恤死"、"同井相扶持"的义约。这些救济机构，都是由士绅牵头、组织、设立、置办。

【齐云社】

宋代的市民生活非常活跃，各类市民组织也应运而生，比如北宋时已出现了"足球俱乐部"。《水浒传》中有一处情节：高俅去拜见端王（即后来的宋徽宗），端王正在踢足球。刚好一球滚来，高俅便使个鸳鸯拐，将球踢还端王。端王大喜，说，你原来会踢球，下场来踢一回。高俅不敢。端王道：这是齐云社，名为天下圆，但踢何妨？齐云社即足球俱乐部。注意端王的话，似乎在宋代的齐云社内，不分官大官小，大家身份"平等"。

---

[1] 《宋史·食货志》
[2] 宋·陆游《老学庵笔记》卷二

【猪嘴关】

下面说到的这个民间社团,令人哭笑不得。北宋有个叫王景亮的读书人,与朋友成立一社团,专搞恶作剧,主要业务是给士大夫起不雅外号。故社团被称为"猪嘴关"。大臣吕惠卿因为说话时有"双手指画"的习惯,被猪嘴关同仁叫做"说法马骝(猴子)"①。读到这则史料时,我的感受是,一个社会,如果允许成立这种闲得蛋疼的社团,允许公开给大领导起外号,便是好社会。可惜故事的结尾很令人失望:"惠卿衔之,讽部使者发以他事,举社遂为齑粉。"以此观之,北宋离"好社会"还有一步之遥。

【丐帮】

武侠小说描述的丐帮,并非无中生有。宋代开始出现了丐帮。两宋之世,商品经济发达,市民社会形成,人口急剧流动,游民大大增加,民间结社兴盛,于是丐帮也应运而生,其头领称"团头"。明代话本集《今古奇观》中有个"金玉奴棒打薄情郎"的故事,便提到南宋杭州城,有一名世袭了七代的"团头金老大",统辖一城乞丐。

【书院】

1、中国自古就有官学、私学并峙之传统,到宋代时,书院兴起,又形成了两套教育体系:一是涵盖了太学、国子监、府州

---

① 南宋佚名《桐江诗话》

县学的官学体系,其特点为官办,接受礼部、学政、教谕的领导与管理,与科举制高度结合,以培养预备官员为教育目标。官学之外,传统社会另有一套以书院为代表的民间讲学体系。书院通常由饱学大儒创立,有时能得到政府的资助,有时则受官府打压,有时又被官学收编,发展路径比较坎坷。其盛衰起落,可以说正好反映了官府对于民间社会的管制松严程度。

2、书院源于唐而兴于宋。北宋立国之初,天下初定,百废待兴,而汉唐时代的门阀士族又在长年战乱中瓦解消亡,于是新成长起来的平民士绅群体负担起了重振学术、重建文脉的责任,创建了一批书院。随后,北宋政府也建立起一个覆盖了中央太学、国子监及地方州学的官学体系,但这个官学体系是围绕着科举的指挥棒转的,"掌其教者,不过取其善为科举之文,而尝得售于场屋者耳"[1],即对科举考试有应对经验的人。结果官学培养出一堆趋炎附势之徒,不知道廉耻,只知道有奶便是娘。北宋被灭时,一百多个太学生抢着向金人投状归降,献形势图,邀功请赏,连金人都觉得他们"苟贱"。

3、南宋的官学,因袭自北宋,"其弊久矣",教出来的学生"知有科举而不知有学问"[2]。朱熹曾设想过改造官学,结果却发现官学其害"不可胜言","莫之救也"。这时宋儒的伟大之处显示出来了:他们干脆另立炉灶,放弃官学,而将心力放在建立更具独立品格、更有学术品质的书院上,以书院的讲学来"传斯道而济斯民"。在两宋七百多所书院中,由士绅创建的民办书院占了八

---

[1] 宋·朱熹《学校贡举私议》
[2] 宋·朱熹《信州州学大成殿记》

成以上，这是民间书院领袖群伦的时代。

4、书院发展至元代，出现严重的官学化，官学化的表现包括：书院的创建，必须呈报官府，经层层审核，获批准后方得以修建；书院山长由官府任命，同时官府还委派"直学"掌管书院财政。审批制、人事权、财权都掌握在有司手里。其结果，教学者"徒知假宠于有司，不知为教之大"[1]。这情况，跟后世之大学行政化、衙门化、官僚化差不多吧？

5、朱元璋建立明王朝后，一面大兴官学，建立了一个庞大而完备的官学体系，南京、北京均立国子监，府有府学，县有县学，县下又遍设社学；一面打压书院，于是宋时蓬蓬勃勃的书院，在明代差不多沉寂了一百年，著名的岳麓书院与白鹿洞书院都成为废墟，"昔日规制不见，唯闻山鸟相呼"[2]。我们知道宋代的士君子因为对官学体系的失望，另起炉灶建立书院重振学术，而明初的皇帝出于对书院的顾忌，又重新构建了一个完备的官学体系。历史就像是在转圈圈。

6、直至明王朝立国已逾百年，朝廷对书院的压制才松懈下来。于是从正德朝到万历朝，书院终于迎来了一个爆发式的发展期。推动明代书院发展的最大力量来自理学家。明代政治远比宋代严酷，士大夫不能得君行道，于是掉头向下，从面向庙堂转身面向民间，致力于社会建设。在王阳明心学的推动下，书院成为民间讲学的堡垒，明儒希望能通过书院讲学"化民成俗"，建成

---

[1] 转引自邓洪波《中国书院史》，中国出版集团东方出版中心，2004年。
[2] 明·王祎《游鹿洞记》

优良的社会自治秩序。这是明代书院发展的一大特点，也是明儒重社会构建的体现。

7、明代书院的另一个显著特点是，在明末出现社团化，成为士子组织的载体。明末士子以书院为纽带结成共同体，透过聚众讲学的形式，抨击朝廷、地方政事，形成强大的"社会权力"(social power)。最典型者为东林书院。书院议政，是明末社会的民主觉醒，也因此不容于朝廷，张居正当国与魏忠贤掌权时，都多次下令毁灭天下书院。

8、清代书院虽在数量上远胜之前各代，却差不多沦为官学与科举制的附庸。直至晚清，书院改革，才得以突破官学之钳制，其标志为：山长从由官府委任，改为"采访公论"，"归绅士延聘"[①]。可惜清末新政时，朝廷又以一纸诏令将书院改为新式学堂，看似是接纳近代化，与国际接轨，实则已违背了书院自治、教育自主的原则，导致书院这一宝贵的传统教育模式被清出历史舞台。

9、纵观书院从宋至清这一千年间的盛衰，可以清晰地看出，书院的活力来自儒家士君子自发的教化承担与学术自觉，但凡在官府承认并不干预士君子的办学自由之时，书院则兴盛；而一旦官府容不得民间社会的办学自由，或者试图将书院收编进官学体系，则预示了书院的衰落或败坏。回顾这段书院的兴衰史，其实就是去面对两种教育传统——官学的传统与民间讲学的传统，我们选择哪一种？

[①] 邓洪波《中国书院章程》，湖南大学出版社，2000年。

【宋明士君子】

1、我翻阅宋代社会史时,能够明显地感受到宋儒在社会构建上的自觉:因乡官职役化、乡治败坏,吕大钧创设乡约于家乡,以"成吾里仁之美"[1];因官方救济的常平仓不尽可靠,朱熹置社仓于乡间,成立民间社会的自我救济机制;而面对官学之溃坏,宋儒又干脆抛掉官学体系,另立炉灶,创办更有独立品格、更有学术品质的书院。

2、阅读宋代士绅结社、宋理学的史料,对理学士君子生出莫大敬意。乡约、社仓等宋代NGO的出现,莫不得益于理学家的倡立。宋儒的伟大,在于他们越过"治国"层次,从"修身—齐家"进入"仁里"。所谓"美俗曰仁里",往小理解,仁里是乡治,往大理解,仁里就是社会自治、社会建设。这便是理学的启示:可绕过糜烂官府,自起炉灶,重建社会。

3、君子何为?宋代因乡官职役化,乡治败坏,大儒吕大钧欲在家乡设乡约,重振乡治。但亲友反对,说设乡约乃政府责任,至少也得政府批准。大钧反驳说:如果什么事都由政府说了才行,那"君子何必博学"?[2] 荀子认为君子博学可三省己身,宋儒境界已超越荀子,即以天下为己任。政府不作为,民间当自救。

4、北宋仁宗年间,富春县衙经年见不到一个临江人的面。奇怪,难道他们没有一个人要打一次官司么?是的,临江人不打

---

[1] 宋·吕大钧《吕氏乡约》
[2] 宋·朱熹修订《增损吕氏乡约》

官司。因为乡里有一位乡绅，人称"孙长者"（不是孙行者），"性宽厚，言忱行笃，信于乡"，"邻里有讼不之官，皆云当见孙长者，至则为陈事理，白其所以枉直之状，人人服而去"[1]。这便是传统士绅组织起来的社会自治。

5、由于明代君主跟儒家士大夫对立严重，部分士子放弃了"得君行道"的宋儒式理想，掉头向下，面向民间，展开社会改造，包括开书院、设讲会、兴乡约、建宗族。晚明民间书院十分发达，士子借讲学议政蔚然成风。明末大儒黄宗羲设想将学校改造成议会性质的议事机构，可不是凭空幻想。

6、如果将宋儒创设乡约与社仓，明儒致力于建设民间书院的意义，仅仅理解为造福了地方社会，我认为这样的理解是短视的。宋明儒家在庙堂之外的担当，更显示了一种社会的力量在发育在生长，它的意义不仅表现为对政府责任缺失的弥补，更体现在：它将成长为抗衡国家专制权力的"限政"性力量，阻止政府完全笼罩了社会。

【晚明的市民力量】

1、明太祖朱元璋为了便于管理，试图建立一个简朴而等级井然的社会。为此，他打击豪族大户，限制商业资本，对官民的衣冠服饰都作出严格限制，朱元璋非常热衷于这一套，连老百姓着装的样式、面料、颜色、图案、袖子长短，他都要亲自过问。

---

[1] 明·徐象梅《两浙名贤录》

朱元璋的用心是要让天下人"望其服而知贵贱；睹其用而明等威"[1]，这是他心目中的理想社会。明初国家控制严格，而社会发育迟缓，所以这个特级秩序尚能维持。

2、中晚明之后，随着商品经济的发展，市民社会逐渐成长起来，庶民着装也冲破了国家的禁制，当时的《吴江县志》说，"习俗奢靡，故多僭越。庶人之妻多用命服，富民之室亦缀兽头，不能顿革也"。明政府也想"顿革"，曾经多次下过"禁奢令"，但这些禁令已经阻止不了市民的选择。市民在服饰上的"僭越"与朝廷的"禁奢"，隐藏着一个日益复杂、喧哗的社会跟陈旧、古板的国家管制之间的"暗较量"。

【民信局】

中国很早就出现了邮递系统，那就是驿站。宋代时叫做"递铺"。不过邮驿系统只限用于传递公文、军情，并未付之民用。北宋时，才允许用递铺递送官员家书。平民与商人出门在外，要寄封家书，就比较麻烦。有需求就会有供给，到了明代中叶，宁波帮商人便创立了"民信局"，经营寄递信件、物品、办理汇兑等业务。清代时的民信局，跟现在的民营快递公司已没什么差别，可上门取件，以最快速度送达，可自由选择付费方式（寄件人付费或收件人付费）。全盛时期，民信局的网络不仅遍及国内各大商埠，而且伸进东南亚、檀香山等华侨聚居区。

---

[1] 明·张瀚《松窗梦语》

【善会与善堂】

1、中国民间社会非常早就有了慈善性组织，到了明清时期，慈善机构更为发达，最为著名者，为明代的同善会、清代的善堂。同善会的产生与发展，首先应归功于东林士子的大力推动。善堂的发展，也跟晚清士绅、绅商的社会自觉息息相关。清末成立的中国红十字会，也非官办，而是自治的绅办。

2、第一个同善会由明代儒士杨东明在万历十八年（1590年）创立于家乡虞城。万历四十二年（1614年），东林党人高攀龙看到官府置百姓生死于不顾，于是效仿杨东明，召集无锡士绅，创立"同善会"，以期"寒者得衣、饥者得食、病者得药、死者得椁"[1]。在东林党人的推动下，江南的主要城市都建立了同善会。

3、同善会是组织化、制度化的民间慈善机构，订有会旨、会期，还设有专门的会斋银与施贫办法，这已相当接近近代的慈善组织。任何社会自组织，无所谓落后与先进之分，它会自我完善。民间慈善的演化可以证明这一点。从临时性的粥局到制度性的同善会，慈善组织一直在发育，清代的善堂之制又更为完备，有了固定场所、专职的管理人员、系统性的救济体系。清末时，善堂不仅行使慈善功能，还参与对地方社会的公共治理。

4、慈善，既可以来自佛教的福报教义，也可以来自基督的大爱，同样可以来自儒家的仁，正如高攀龙为同善会所写的序文：

---

[1] 明·高攀龙《高子遗书》卷九

"吾于天下有一人颠连困苦,见之而木然不动于中者乎?故善者,仁而已矣。仁者,爱人而已矣。"① 在中国传统社会,领导民间慈善与公益事务的最重要力量,主要有两支,一为佛家寺院,一为儒家士绅群体。

【公议制】

晚明与晚清时期,许多地方出现了公事会议惯例——这是传统社会自发生成的民主、自治制度。如明末的沛县,有这样的惯例:"邑(州县)有大事,士子皆得与议",有点县议会的模样。清末的一些州县也形成了公议制度:"照得城乡地方公事,应由绅者、保甲、乡正、族长公同会议。如会议各有偏见,尽可呈告有司,听候示遵。"② 虽然"呈告有司,听候示遵"等语似乎显示了这样的民主与自治尚不充分,但地方公事"公同会议"的制度毕竟已建立起来了。

【学社】

学社虽为学术性团体,但意在问政,远承汉代"处士横议"之儒家传统,在晚明成为一时之盛,以东林书院与复社为士子结社讲学、问政之典范,至晚清时,更是蔚为大观。在西学激荡下,这种士人结社已演化出地方议会之雏形,如戊戌变法期间谭嗣同在湖南发起的南学会,梁启超说它"实兼学会与地方议会之规模

---

① 高攀龙《高子遗书》卷九
② 参见陈宝良《中国的社与会》(增订本),中国人民大学出版社,2011年。

焉。地方有事，公议而行，此议会之意也"。①

【文会】

文会是传统社会中，除乡约与宗族之外的另一个最重要的乡族自治组织。明清时期的徽州，文会之设很是普遍，"各村自为文会，以名教相砥砺"。(《歙风俗礼教考》) 文会既是文人结社，但其功能已有点像基层法院，凡地方发生纠纷，先在族内调解，调解不成，可诉至文会，由文会仲裁。再不服可诉官。文会具有很高的权威，其仲裁意见通常都获得官方承认。

【帮会】

1、传统社会的秘密结社其实也是社会自治组织。看看晚清的秘密社会史，不管红帮（袍哥）的前身啯噜，还是青帮的前身漕帮，在刚开始出现时，通常都带有底层群体互济互助的性质，有点像近代NGO的雏形。然而，它们最终无法发展成为NGO，而是演化为黑社会。这中间，固然与这些组织内部的黑色因子有关，更是当时政府对社会底层维权需求的漠视、对这类社会自组织的敌视所导致。

2、晚清的社会变局，包括辛亥革命的成功，秘密会党在其中发挥了重大的作用。不过我对会党的评价很高。清末秘密会党作为新释放出来的一支社会势力（尽管它们早已存在了千百年），

---

① 梁启超《谭嗣同传》

它们无法自制，反而热衷于制造事端；一个被会党搅动起来的社会，不但未能自发地生成新秩序，反而不可避免地走向动荡。

3、袍哥在四川、青帮在长江中下游坐大，显示了清政府社会治理的失败。失败的根子在于清政府严防死守、严厉压制流民群体结社的政策态度。官府一味压制底层结社，漠视底层对抱团取暖的迫切需求，结果只能是致使底层自组织以地下会社的形态出现，其内部组织结构及对外行为模式均不同于合法的组织，成了既有秩序的潜在破坏者。

4、一个社会，要么由国家权力全盘接管，但如此一来，社会必如一潭死水，人民呈原子化生存；要么由社会自组织充分自治，优良的社会治理总是建立在自组织发育成熟的社会结构之上的。假如国家既无力完成对社会的全方位接管，清白的自组织的合法性与自治权又不被承认，那么，社会最终要面对的可能就是黑势力横行江湖的局面。

5、消灭黑社会的正途，是以清白自组织的功能取代黑组织的作用。据学者杨恒均先生的观察，海外华人社会中曾经存在相当严重的"黑社会"，但后来，华人黑社会组织逐渐瓦解，尤其是那些有互助性质、用于自保的"黑社会"，几乎没有了。为什么？因为，法庭成了说理的地方，公民社会形成了，华人能够参政议政了，那还要"黑社会"干啥？

【梨园会馆】

1、清代的戏曲业非常发达，随着戏曲的兴盛，从业人员的增长，在优伶云集的城市，通常都设有地方戏曲界的"自治组织"——梨园公会。不过，这里的"自治"需要打个引号，因为戏曲的社会影响深广，清政府不会允许民间戏班子摆脱出国家权力的控制网络。如京城梨园公会的会首，为"内务府堂所派"，即内务府控制了伶人组织的领袖人选。

2、内务府还任命旗人当"堂郎中"，作为京城梨园的"主管单位"，会首遇有重大事宜，要叩请堂郎中定夺；梨园子弟"每组新班"，"须先将班名拟妥，送内务府堂郎中处审核，俟准后始能出演"。而堂郎中习惯搞官僚主义，对组建戏班的申请"经年累月，不易揭晓"，所以又要会首跑内务府送礼请托[①]。这也显示了国家控制与社会自治之间的角力。

【灰色代理】

1、我们说过，传统社会是一个"皇权不下县"的私民社会，有着约定俗成的自治秩序与丰富的自组织。但是，"私民社会"毕竟不可能完全摆脱国家权力的笼罩，至少在两种情况下，人们势必要直面国家权力：纳皇粮的时候，打官司的时候。这个时候，"私民"们在强大国家机器之前的渺小与无力，便显露出来了。因此，人们需要有经验老到、背景不简单的能人，来代理他们跟

---

① 近人·张次溪《清代燕都梨园史料续编》

国家权力打交道。在传统社会,这类代理人包括讼师、包税人、歇家、上访代理等。

2、讼师。传统社会的讼师有点类似于今日的律师,但由于受"息讼"观念的影响,旧时讼师的地位很低,名声很臭。讼师中确实有教唆是非、兴灭词讼、借机牟利之辈,但现实中只要有纷争,就会有诉讼,有诉讼,就离不开讼师。何况,衙门中书吏、差役如狼似虎,若无熟悉门路的讼师代为打理,打官司的小民一定遭受更严重的盘剥。更何况,也不乏使"冤者得白,奸者坐诬,大快人心"的好讼师。清人王有孚认为"讼棍必当惩而讼师不必禁"①

3、包税人。明清时期,中国许多地方都出现士绅"包揽钱粮"之风,乡绅乐意于充当平民的"缴税代理人",而税户也乐意于将钱粮"委托"给乡绅,这样,就不用交到衙门派出的粮胥手里,从而避免与国家权力直接接触,因为如果到衙门交税,往往要被吏役百般刁难、勒索。而绅衿因为在地方上有势力、官场上有人脉,不但不怕官吏为难,而且还能以"包税人"的身份赚取税差。

4、歇家。所谓"歇家",就是提供食宿服务的店家。不过清代的歇家多由地方上的绅衿、富户所开设,不仅提供食宿,还常常凭恃隐权力,运用潜规则,为投宿的粮户与诉讼人提供代纳钱粮、代理诉讼的中介服务,从中赚取代理服务费,有时也会发生歇家诈骗粮户或诉讼人财钱的事情——也因此,歇家的名声在官方描述中都不大好。但我们不妨说,歇家其实发挥了会计事务所、

---

① 清·王有孚《一得偶谈》,是中肯之论。

律师事务所的部分功能。

5、上访代理。清代，进京上访叫做"京控"，告御状叫做"叩阍"。这是制度上允许的，但一介草民碰上皇帝出巡的机会微乎其微，《清稗类钞》这样记述："叩阍极难，其人须伏于沟，身至垢殍，俟驾过时，乃手擎状，扬其声曰'冤枉'。如卫士闻之，即时捉得，将状呈上，其人拿交刑部，解回原省。"于是京城中有一些"丐流"之辈，干脆给上访户当"职业代理人"，以代人叩阍为业，他们晓得"何时候驾，如何递呈"，收费并不高，也算是弥补了正式制度之不足。

6、不管是讼师、包税人，还是歇家、上访代理，在传统社会中，都处于非法、半非法的灰色状态。但我们换一个角度来看，这些灰色代理人实际上就是传统私民社会对接国家权力的中介组织，如果连这样的中介组织都付之阙如，则民众与官府打交道时，只能以原子化形态直接暴露于国家权力面前，结果必然是受到更厉害的宰割。维护私民利益之正道，是为处于灰色生存状态的中介组织正名，而不是取缔掉这些中介。

【协赈公所】

1、光绪初年，北方各省长年干旱，以致夏秋两季颗粒无收，大饥荒席卷半个中国，百姓流离失所，赤地千里，饿殍遍野。由于饥荒最为严重的年份是丁丑、戊寅年，史称"丁戊奇荒"。这次大饥荒刺激了中国民间慈善业的成长。为了救灾，当时的士绅、绅商纷纷出来办理义赈，以大绅商经元善在上海创立的协赈公所为著。协赈公所有点类似于现在的赈灾基金,在经元善领导下,自主进行募款、放赈。

2、为"一志筹赈",经元善停了他的仁元钱庄业务。办赈不仅显示了士绅急公好义之传统,也证明了士绅作为民间社会领袖的自治能力,在经元善的组织下,上海协赈公所的募款、司帐、押运、放赈各有专人,各司其职,运作有序,官赈中经常出现的贪污、挪用善款行为,在经氏办赈生涯中大致没有发生过。

3、经元善领导义赈长达十六年,将民间慈善的网络越做越大,江浙的主要城镇、全国的重要商埠,以及仰光、新加坡、东京、伦敦、华盛顿、柏林等国外华人社区,都设有上海协赈公所的赈捐代收点。那时候,民间的义赈并不需要挂靠一个官赈的单位,只要具有足够的道义号召力,民间慈善领袖同样可以募款放赈。

【红十字会】

1、早在晚清光绪年间,中国的民间社会已在呼吁成立红十字会,光绪二十五年上海绅商设立的中国施药局,便提出"同人酌照红十字会章程办理";日俄战争时期,上海绅商沈敦和联合英德美法四国驻上海领事,发起成立上海万国红十字会,奔赴东北援救难民,这是中国出现的第一个红十字会,完全由民间社会自发动员、成立和运作。这也显示出中国民间社会与近代绅商群体对于组织慈善与公益,既有可贵的自觉,也有足够的能力。

2、相比之下,官方对设立红十字会的热情远不及民间社会,辛亥革命爆发后，清政府才批准设立红十字会。至此，中国出现了两个红十字组织，一为北京红十字会，为官办；一为上海红十字会，为民办。这也埋下了此后官方与民间士绅争夺红十字领导权的伏笔。民国元年两个红十字会合并，北京设立中国红十字会总会，上海设立总办事处，但对红十字会的领导权实际上由上海总办事处掌握，北京的官方企图强化对红十字会的控制，却一直受到上海绅商的抵制。直至国民党南京政府成立，才完成对红十字会的改组，将红十字会纳入官方控制之下。

【另类万民伞】

"丁戊奇荒"期间，不少在华传教士也奔走于灾区，赈灾救荒，"慨然相助、以恤华黎"。李提摩太目睹"令人丧气的灾荒情景"，写信向上海联合教会的牧师报告灾情，又带着募捐来的十二万两赈银，前往山西发放。受惠的灾民以中国人特有的方式向传教士表达感念，如在山东，有灾民给美国传教士送万民伞，在山西，又有灾民要将英国传教士的相片供奉进神庙。

【农会】

许多人可能以为工农革命后中国才有了农会，之前的农民是一盘散沙，其实清末新政，清政府已制定和颁布《农会简明章程》。而早在晚明，浙江已有农民"结伙会盟"。清代的佃农普遍有了代表自己利益的组织，叫"佃兵"、"佃长"、"田兵"，他们常常结盟抗租。有点想不到吧？

【团练局】

《论美国的民主》的作者托克维尔说,"我在旅美期间,曾亲眼看到发生一个重大案件的县的居民,为追捕犯人和把他送交法院惩治,而自动组织了一个委员会"。这当然是社会自治的表现。其实中国传统社会中也有类似组织,许多地方为缉捕盗贼,由乡绅组织成立团练局。而奇怪的是,在反传统人士看来,这却不算什么"自治"。

【明伦堂】

1、清代的州县学宫通常都设有"明伦堂",是聚集生员讲经、宣讲圣谕之所。明伦堂一般并无实权,但广东的东莞明伦堂是个例外,因为东莞明伦堂拥有万顷沙田之田产,每年都有巨额的田租、地租收入。财大气粗的明伦堂因此成为东莞县主持社会建设的最重要力量之一,除了承担自卫局经费之外,明伦堂还创办了多所学校,全县受明伦堂资助的小学也有二百多间;建立"储济仓",作为储谷济荒之用;兴建水利、修筑公路,等等。

2、因有明伦堂这个强大组织,清末东莞的士绅势力也比较强势,能够抗衡官府之权力扩张。光绪年间,虎门水师提督李准在总督岑春煊的支持下,以筹作新军训练经费为名,企图将东莞明伦堂名下的六七万亩公田收归"国有"。此举立即受到时任明伦堂沙田局总办的士绅张其淦的抵制,他会同其他士绅向朝廷力陈此举之不当,迫使岑春煊与李准收回成命。

【梁启超家乡的自治】

1、晚清梁启超先生说中国传统社会"有乡自治而无市自治",认为乡民"既已脱离其乡井,以个人之资格,来往于最自由之大市,顾其所继来、所建设者,仍舍家族制度外无他物,且其所以维持社会秩序之一部分者,仅赖此焉",但宗族自治又不适宜于都市,所以都会之地秩序凌乱。这是梁氏偏见。不过,梁先生还是承认中国乡落的"自治规模,确有不可掩者。即如吾乡,不过区区二三千人耳,而其立法、行政之机关,秩然不相混。他族亦称是"。并认为这一乡族自治,"宜其为建国之第一基础也"。①

2、梁氏所说的"吾乡",是广东新会的茶坑乡。茶坑乡由三个保组成,凡关系到三保共同利害的事情,"由三保联治机关法决之,联治机关曰'三保庙'"。梁姓约有三千人,自成一保,其自治机关为梁氏宗祠"叠绳堂","自治机关之最高权,由叠绳堂子孙年五十一岁以上之耆老会议掌之"。耆老会议"以对于纷争之调解或裁判为最多。每有纷争,最初由亲友耆老和解,不服则诉诸各房分祠,不服则诉诸叠绳堂,叠绳堂为一乡最高法庭,不服则讼于官矣。然不服叠绳之判决而兴讼,乡人认为不道德,故行者极希"。

3、除了耆老会议,茶坑乡还有设有"乡团",是乡的自卫组织,团丁由壮年子弟志愿补充,但须得耆老会议之许可。又有蒙馆三四所,大率借用各祠堂为教室,是带有公益性质的族学,"学

---

① 梁启超《新大陆游记》

费无定额，多者每年三十几块钱，少者几升米"，如果本族儿童有"无力纳钱米者，亦不得拒其附学"。茶坑乡还有一个颇饶趣味之组织，叫做"江南会"，"性质极类欧人之信用合作社。会之成立，以二十年或三十年为期，成立后三年或五年开始抽签还本，先还者得利少，后还者得利多。所得利息，除每岁杪（年底）分胙（分配祭品）及大宴会所费外，悉分配于会员。"这样的乡自治，我们不能不承认已经非常成熟。①

【城市自治】

1、当我们说到传统的社会自治时，许多人会联想到田园牧歌式的乡土生活。而实际上，我们所说的社会自治，从来是包括"城市自治"在内的。明清时期，特别在晚清，有不少市镇是由于商业之发达而自发形成的，跟作为政治中心的"城"的发展路径大不相同。这些市镇，也最具自治之精神——因为是自发形成的，国家往往并没有在那里配置正式的行政实体，市政于是全由当地士绅、绅商、商人自治。

2、主持市镇、城市自治的管理者，叫做镇董、店董、商董，他们通常经由"地方公议"产生，其职责为组织市镇之社会建设、管理市镇之公共事务，包括治安、消防、仲裁纠纷等。在晚清的长沙城，街道的治安与消防由"街团"负责，街团也是士绅、绅商控制的城市自治组织，领袖称为团总，"遇有街团公事，经众议定"，向由团总"领衔对付"。②

---

① 梁启超《梁启超论中国文化史》，商务印书馆，2012年。
② 杜迈之、张承宗《叶德辉评传》，岳麓书社，1986年。

3、佛山，就是那个因电影《黄飞鸿》《叶问》名扬天下的武术之乡，早在明清时已是繁华的工商市镇。但许多人可能不知道，在明代天启之前，佛山并无一套由国家设立的正式行政机构，市镇的交易由民间习惯法进行规范。天启年间，佛山才出现了第一个常设的市镇管理机构，叫做"嘉会堂"，但嘉会堂也不是官府设立的，而是当地士绅创建、主持的民间自治组织。

【两类城市】

传统社会中有两类城市，一是由"城"而成"城市"，一是由"市"而成"城市"。城是国家构建的政治中心，有城墙，有发达的国家行政系统，城的中轴就是官衙所在，因而，这类城市通常是封闭的，由单一的权力中心实施管理。市则是民间自发形成的经济中心，没有城墙，甚至没有国家机关派驻，因而，由市形成的城市，通常是开放的，自治的，多中心治理的。

【晚清社会自治程度】

1、晚清的社会自治程度可能超乎我们的想象。在蒙古的萨拉齐城市，由于绅商与行会势力非常发达，地方官几乎被市民们晾在一边，大至防卫事务，小至祭祀，几乎当地的全部公共领域，包括市政及税收，都由行会负起自治之责。研究者认为，清末萨拉齐的城市自治，已经"具有和欧洲的自由城市相同的性质"。

2、晚清绅商领导下的会馆、公所、行会、商会，不仅仅是行业内部自治的机构，而是广泛介入了城市的公共治理，包括组织市政建设、与地方官府协商税额、训练消防队、管理福利机构、筹集救济金。清末的营口牛庄口岸便是一个由工商行会进行自治的市镇。在各省谘议局（相当于地方议会）中，绅商也是主体性力量，掌握着极大的话语权。

3、清末那些具有宪政意义的社会组织、政治组织，在制度上似乎"先天不足"，但在实际运作中却展现出独立的强大力量。最重要的原因，我认为是时至清末，作为社会力量的士绅、绅商群体已发育得非常成熟，商会与资政院、谘议局等的诞生，只是让他们获得表达其社会权力的制度平台，故能克服制度之缺陷。

【温故而知新】

1、子曰：温故而知新。近几年，拉拉杂杂总算了解了自秦以来各种社会自生力量的演进史，包括礼俗、门阀世家、宋后宗族、士绅、乡约、社仓、善堂、合会、商帮、会党、会馆、行会、票号、绅商、街团，等等。一个思路越来越清晰：国人有足够的智慧、理性与技艺，建构合群的社会生活，发展出合宜的治理秩序。

2、有人认为传统"熟人社会"没有公共生活。这让人啼笑皆非。就算不计那种具有封闭性的宗族活动吧，以乡庙为动员中心组织起来的祭典、文娱与慈善活动，以市集为中心自发形成的交易秩序、牙人中介，以及乡绅主导的义学族学，乡约举行的乡饮活动，民间合会、私社的互济互助……这些，是不是公共生活？

3、可是,我却不知道如何回答下面的几个设问:如果北宋的吕大钧穿越到今日,能不能创办一个乡村自治共同体?如果南宋的朱熹穿越到今日,能不能创办一个小额扶贫贷款机构?如果明代的王守仁穿越到今日,能不能创办一所民办大学?如果清代的雷履泰穿越到今日,能不能创办一个民间金融机构?如果清末的经元善穿越到今日,能不能创办一个公募赈灾基金?

【重建熟人社会】

有人说,传统的社会自治组织,只适合运用于"熟人社会",而在"陌生人社会"中,儒家的那一套自治伦理与组织技术没啥用处了。这么说的人,忽视了明代出现的"会馆",恰恰就是儒家士大夫为应对身处异乡——"陌生人社会"时的孤立、疏离状态而创立的自治组织。会馆展示了古人在"陌生人社会"实现联合、互济、自治的基本思路:重建一个熟人小社会。而重建熟人社会,我认为将是现代城市推行社区自治的方向。

【再造士绅】

1、"再造士绅"是未来社会复兴路线的"起跑线"。它不仅是针对当下公共治理极端粗鄙化、荒漠化的解药,也是重建社会、恢复自治秩序的路径。无儒学,即无士绅;无士绅,即无社会;无社会,即无宪政;无宪政,即无自由。

2、如果说,从前的士绅,乃是指一种建立在功名之上的身份;

那么我们现在提出"再造士绅",当然需要将士绅的涵义从身份符号中抽离出来,归纳为一种精神象征。有政治自觉,有社会关怀,有伦理操守,有儒家认同——这是士绅精神之四端。有此士绅精神者,便是新士绅。

第四辑
自由经济的火种

让我们再转个身,从"经济发展史"的视角切入,继续观察历史的另一个侧面。我们将会发现中国存在着两种经济思想的传统,一种是法家的统制经济思想,表现在经济政策上,就是压制商人阶层、推行官营经济、国家管控商业;一种是儒家的自由经济思想,虽然历史上儒家有轻视商业、歧视商人的一面,但儒家又主张轻税、薄敛、藏富于民、官不与民争利,即主张给民间经济一个自由发展的空间。

历史地看,随着商品经济在宋代的繁荣、绅与商在明清两代的合流,轻视商业、歧视商人的传统也被儒家突破,形成了更有包容性的儒家经济思想。本辑文字,除了对统制经济与自由经济两种经济思想的传统作出简要勾勒之外,也将对各个王朝的经济政策、官商关系与商人群体、商业组织进行"散点"式描述,从中,我们可以整理出一条儒家、绅商争取经济自由度与商人独立地位的历史脉络。这也是历史留给我们的自由经济的火种。

【两个经济传统】

1、早在战国时代,中国已出现活跃的商业活动,商人们"市贱鬻贵"、"相语以利"[1],这是中国的"重商主义"时代。其后,在汉初、两宋、晚明、明清四个历史时段,都有过繁华的经济表现。而我们先人对于商业的态度,大致也形成了两派不同的观点——以法家为代表的国家管制经济;以儒家为代表的放任自由经济。

2、法家的统制经济思想,概言之,就是管仲所主张的"利出一孔":"利出一孔者,其国无敌;出二孔者,其兵半屈;出三孔者,不可以举兵;出四孔者,其必亡。先王知其然,故塞民之羡(余财),隘(限制)其利途,故予之在君,夺之在君,贫之在君,富之在君。故民之戴上如日月,亲君若父母。"[2]也正是这个管仲,率先提出了"官山海"即盐铁国有化的经济政策。

3、法家的另两名代表人物——商鞅与韩非子都将商人列入国家压制与打击的"黑名单",商鞅还提出禁逆旅、酒店、粮商、贸易商等行业;主张"壹山泽",即由国家垄断采矿、铸铁、煮盐等工业,利出一孔[3]。所以,不用奇怪秦统一六国后,要将商人发配边疆充军。法家仇视商贾,无非因为商人财大气粗,是最有能力对抗国家权力的群体。

4、儒家的放任自由经济思想,以太史公司马迁说得最为深

---

[1] 《国语·齐语》
[2] 管仲《管子·国蓄》
[3] 参见《商君书》、《韩非子》

刻："天下熙熙，皆为利来；天下壤壤，皆为利往"，"故善者因之，其次利道之，其次教诲之，其次整齐之，最下者与之争。"[1] 意思是说，对于市场，最高明的政府应当放任自流，其次是加以引导，其次是教诲之，再其次是运用权力进行整顿，最坏的政府则是与民争利。

5、司马迁说："故物贱之徵贵，贵之徵贱，各劝其业，乐其事，若水之趋下，日夜无休时，不召而自来，不求而民出之。"什么意思，我们意译一下，就是说，基于经济人理性，市场自会形成优良的交易秩序，不必劳驾政府去引导、去规划。太史公之识，可比亚当·斯密，他的《货殖列传》，就是最早的《国富论》。

6、统制经济思想与自由经济思想在中国历史上多次发生交锋，并形成两种不同的经济政策传统，影响着后世的经济路径选择。后汉武帝时代具有法家倾向的执政官僚集团与民间"贤良文学"之间所展开的盐铁大辩论，北宋以王安石为领袖的变法派跟以司马光为代表的旧党之间的政策冲突，都隐藏着统制经济与自由经济相交锋的张力。

【商约】

春秋时代，郑国与商人"世有盟誓，以相信也"。这份盟约说："尔无我叛，我无强贾，毋或丐夺。尔有利市宝贿，我勿与知。"[2] "盟约确立了邦国与商人双方的义务与权利，要点是：一、商人不得

---

[1]《史记·货殖列传》
[2]《左传·昭公十六年》

背叛国家；二、国家不得侵害、干涉、过问商人交易。郑国与商人的盟誓，可能是人类史上，人民跟国家之间最早的立约（之一）。我认为这也是国家（邦国）对保护商人私有财产与经济自由的立约。

【重商主义】

中国的官僚精英老早就认识到市场与工商业的作用了，如春秋时管仲已明白，"市者，货之准也"[①]，说市场乃是决定物价之所在；西汉的市场派官员也认为，"有山海之货而民不足于财者，商工不备也"[②]。但我们又发现，不管是春秋齐国的管仲，还是西汉的桑弘羊、北宋的王安石，这些对市场功能很敏感的改革派（他们通常有法家渊源），几乎都主张"利出一孔"的官营经济，表现出"重商主义"的强烈味道。而反对官营经济的儒家保守派，则往往对市场与商业持轻视态度。

【法家的经济思想】

1、前期的法家还有点"藏富于民"的思想，如管仲主张，"凡治国之道，必先富民，民富则易治也，民贫则难治也"。[③] 不过，这里也可以看出，法家的"富民"主张，纯粹是为了"易治"，难怪法家又认为，国民太富裕也不行，民太富了就不听国家使唤，

---

① 《管子·乘马》
② 《盐铁论·本议第一》
③ 《管子·治国》

所以管仲又说，"夫富则不可以禄使也，贫则不可以罚威也"。①

2、法家发展到后期，到商鞅—韩非时代，已经像神经病一样强调与民为敌了，如商鞅认为，民"辱则贵爵，弱则尊官，贫则重赏，赏则轻死"②，民穷，国家叫他干啥他就只能干啥，半点反抗的本钱也没有，所以商大人主张，"民弱国强，国强民弱，故有道之国，务在弱民"③。为了"易治"，商鞅终于走到了管仲的反面。

3、管仲认为"凡治国之道，必先富民"④，商鞅则认为"有道之国，务在弱（穷）民"，似乎存在两个法家。不过，在经济思想上法家是一致的，都主张国家统制经济，管仲提出"官山海"，商鞅也提出"壹山泽"，即国家控制资源，垄断矿产、铸铁、煮盐等工业，只是相比之下，商鞅的经济管制更全面，更严厉，更变态。

4、去看看《商君书》，你会发现有一个字出现的频率非常高，即"壹"字。除了壹山泽，还有壹言，壹民，壹务，壹赏，壹刑，壹教，壹于农，壹于战，"圣人治国也，审壹而已矣"，"圣王之治也，归心于壹而已矣"，"利出一孔者，其国无乱"，"是以明君修政作壹，去无用"。法家的目标，就是要建立一个整齐划一的大猪圈。

---

① 《管子·国蓄》
② 《商君书·弱民》
③ 《商君书·弱民》
④ 《管子·治国》

【抑兼并】

儒家与法家都提出过"抑兼并"的主张,但两者立意有如霄壤之别。儒家主抑兼并,乃是出于"百姓均平"的均富思想;而法家则是为了实现"利出一孔"的国进民退目标。所以儒家反对盐铁官营,反对政府经商,反对"官与民争利";有着法家倾向的桑弘羊与王安石,则都以"抑兼并"之名,行国家资本主义之实,导致国富民穷、人怨天怒。

【与民争利】

1、法家所主张、儒家所反对的"国与民争利",包括三个层面。最直接的"与民争利"是苛捐杂税。汉武帝针对商人加征财产税,甚至没收商民家产,导致"商贾中家以上,大率破"①。明末,万历皇帝派出的矿监税使遍布天下,肆意掠夺民财,致使民间"贫富尽倾,农商交困。流离迁徙,卖子抛妻。哭泣道途,萧条巷陌"②,本来明中叶以后,市场经济蓬勃发展,新的社会结构已在形成,但万历的暴敛,却将这一孕育中的"近代萌芽"摧毁了。

2、官商合一,是另外一种"与民争利"。西汉时,官吏借参与商业交易之机,"利己并财以聚,百姓寒苦,流离于路"③。清代,广州商业发达,当官的也将亲属叫来经商,"垄断而罔利",市场上出现民商与官商之分,"民之贾十三,而官之贾之七",宛

---

① 《史记·平准书》
② 《明臣奏议》卷三十三之沈鲤《请罢矿税疏》
③ 《盐铁论·地广篇》

如今日人们常说的裙带资本主义。结果是,"官之贾本多而废居易,以其奇篋绝流而渔,尝获数倍。民之贾虽极其勤苦而不能与之争。于是,民之贾日穷,而官之贾日富"。①

4、官营经济,利出一孔,是最坏的"与民争利"。历史上有过两次著名的"国进民退"经济改革,一为西汉的盐铁收归官营,又设平准、均输、算缗、告缗诸法,结果"商工市井之利,未归于民",而"利归权家"②。一为北宋的王安石变法,无论是市易法还是青苗法,实质都是"设法夺民"之利,结果自然是"吏缘为奸,掊克日深,民受其病"③。

【藏富于民】

1、与法家式的"与民争利"相反,儒家主张"藏富于民",这也包涵了三个层面。首先是"薄敛",即减税、轻赋。孔子认为"薄赋敛,则民富矣"④,他的弟子冉有为鲁国季氏聚敛民财,孔子深为痛恶:"非吾徒也,小子鸣鼓而攻之可也!"⑤《大学》有云:"与其有聚敛之臣,宁有盗臣",在儒家看来,聚敛之臣连盗贼都不如。孟子也主张"取于民有制",国家对人民要"易其田畴,薄其税敛,民可使富也"⑥。

---

① 清·屈大均《广东新语·贪吏》
② 《盐铁论·相刺/园池》
③ 苏辙《栾城集》卷三十五《制置三司条例司论事状》
④ 《孔子家语·尊贤》)
⑤ 《论语·先进》
⑥ 《孟子·尽心》

2、儒官也反对官商合一。汉武帝初登基,问策天下贤良。董仲舒上"天人三策",其中他说,"官员已有国家支付薪俸,当然不可再经营产业、与民争利。所以朝廷应当明令禁止官员经商,士大夫应当严格遵守之。这样,利可均布,而民可家足。"[①] 董仲舒说,太古社会就是这个样子的。其实这又何尝不是古今中外万世不易的道理?

3、儒家当然反对利出一孔的官营经济。汉昭帝时代发生过一轮著名的盐铁大辩论,来自民间的儒家士君子——"贤良文学"皆请朝廷废除盐铁官卖政策,"毋与天下争利"[②];董仲舒晚年也上疏朝廷,要求"盐铁皆归于民"[③]。北宋时王安石变法,搞的其实还是西汉桑弘羊那一套:国家介入、干预、垄断商业与市场,而强烈反对新法的便是司马光等儒家保守派。

【税率】

1、魏国执政白圭跟孟子有过一次讨论。白圭说,"我想'二十税一'(即按5%的税率征收),您觉得如何?"孟子反对他,说您这主张,在夷狄之国倒是可行,因为夷狄"无城郭、宫室、宗庙、祭祀之礼,无诸侯币帛饔飧,无百官有司,故二十取一而足也"[④]。但在郁郁乎文的华夏,是行不通的,这么低的税率,根本就无法维持公共治理的必要成本。儒家先贤认为"什一税"(10%的税率)

---

① 汉·董仲舒《天人三策》
② 《汉书·郑弘列传》,整个辩论过程参见桓宽《盐铁论》
③ 《汉书·食货志》
④ 《孟子·告子》

才是最佳税率。

2、孟子主张"薄其税敛",也反对"二十税一"的低税率,称其为"貉道",是夷狄之道。这里隐含了孟子财税思想的过人之处,即他已认识到税收除了要维持政府自身的运转之外,还必须用于提供公共品,当然那时候的政府功能很简单,孟子所说的"城郭、宫室、宗庙、祭祀之礼"等大致都可归为公共品。孟子认为,只有政体十分落后的夷狄之国,才可以用超低税率维持。

3、道家的老子也反对重税,他说,"民之饥,以其上食税之多,是以饥。民之难治,以其上之有为,是以难治"。[①] 但道家的解决方案是无政府主义的"无为而治",退回到"小国寡民","使人复结绳而用之"[②]。这样,"食税"之人便没必要存在了。然而,这种简陋的社会,大致也跟落后的"貉道"无异,为儒家所不取。司马迁在《货殖列传》一开篇就说,老子提出的"小国寡民"塞人耳目,并不可行。

【秦代经济管制】

战国时,由于各国存在政治竞争,商人还有较大经济自由。秦统一六国后,立即打击商贾群体,压制民间商业,秦始皇数次将商人、以前当过商贾的人,还有商人的子孙发配到边疆充军。又征收苛捐杂税、将原来准许民间经营的盐铁收归官营——"既收田租,又出口赋(人头税),而官更夺盐铁之利,率计今人一

---

① 《道德经》第七十五章
② 《道德经》第八十章

岁之中，失其资产，二十倍于古也。"① 这也埋伏下秦末官逼民反之患。

【汉初自由经济】

1、汉初，中国迎来了历史上第一次自由经济的繁荣期。虽然刘邦曾对商人采取歧视政策，"令贾人不得衣丝乘车，重租税以困辱之"，但到吕后与惠帝时代，"复弛商贾之律"；文帝时代更是实行无为之治，"弛山泽之禁"，民间经济放任自由；至武帝时代初期，终于形成"网疏而民富"的繁华局面②。"网疏"，是说国家少管制，这是经济繁荣之因；"民富"，就是百姓富足，这是经济繁荣之果。

2、汉初之所以能够出现"网疏民富"的经济自由，是因为当时的皇权还没有足够的力量去管制经济。汉朝立国之后，继承了秦的郡县制，却也局部恢复了分封制，郡国并立，天子直辖的王畿只有十五郡，而大的封国也有五六郡。经济学家侯家驹因此认为，"在汉初，国家虽已统一，但仍处于政治实体彼此竞争的'小国'状态，使经济得以顺应自然趋势，而发展出资本主义初阶"③。

【汉初自由经济的终结】

1、自由经济的天敌是权力管制。汉武帝时代，随着诸侯王

---

① 《汉书·食货志》
② 《史记·平准书》
③ 侯家驹《中国经济史》，新星出版社，2010年。

势力被大大削弱，朝中宰相权力被内朝架空，国家权力集中于中央政府，进而集中于皇帝。现在，汉武帝有足够的权力来收拾商人、管制经济了。当然也有足够的动机——可以汲取民财啊。于是盐铁收归官营，又设均输、平准之政，即官府垄断了长途运贩、商品批发与定价权。又有算缗、告缗之法，即向富人加征财产税，鼓励人们告发富户财产。

2、汉武帝以统制经济代替自由经济，结果如何呢？均输、平准原有平抑物价之用意，但实际上，未见物价被平抑，倒见官家垄断市场，致使物价腾跃。盐铁官营的后果也很糟糕，来自民间的"文学贤良"对此有深切体会，他们说，以前由民间自行煮盐铸铁时，盐与五谷同价，铁器也物美价廉，现在呢，不但贵，而是质差，农民急用时想买，却常常买不到，而官府卖不出去时，又"强全民买卖"[1]。

3、汉武帝时代黩武穷兵，掏空了汉初以来的财政积累，又以官营手段、重税夺天下万民之利，断送了汉初发育出来的自由经济体。晚年的武帝下了一道"轮台罪己诏"，又自称"朕即位以来，所为狂悖，使天下愁苦，不可追悔。自今事有伤害百姓，糜费天下者，悉罢之"[2]。但即使他后悔莫及，中国历史上第一次自由经济繁荣期已一去不复返了。

---

[1] 参见汉·桓宽《盐铁论》
[2] 汉武帝《轮台诏》

【王莽新政】

1、王莽篡汉后，推行"五均"、"六筦"之政，估计这是中国历史上最早、最全面的"社会主义改造"吧。"五均"指政府实行物价管制，"六筦"则指国家垄断制盐、冶铁、酿酒、铸钱之业，以及征收山泽之税、国家放贷。王莽想必是要建立一个"齐众庶，抑并兼"的理想国，但结果呢？那些主管"六筦"的官员，利用其经济特权，"乘传求利，交错天下"，敲诈民人，导致"众庶各不安生"[①]。

2、王莽的经济改革方案依照《周礼》设计，他本人也是一名虔诚的儒家，但历代儒家都对王莽持负面评价。王莽实则不通儒家大义，儒家虽有复古情结，却非泥古不化；虽尊周礼，却保持谦卑，"虽有其位，苟无其德，不敢作礼乐焉；虽有其德，苟无其位，亦不敢作礼乐焉"[②]。孔子说过："愚而好自用，贱而好自专，生乎今之世，反古之道，如此者灾及其身者也。"[③] 这句话，就像是为王莽度身定做似的。

【均田制】

北魏至唐代前期实行均田制。所谓"均田"，即土地国有，由政府计口授田，严格限制土地交易。这是一项看起来很美的土地制度，既保障耕者有其田，又可防止土地兼并、贫富悬殊。然而，

---

① 宋·司马光《资治通鉴》卷第三十八
② 《中庸》
③ 《中庸》

官府未必是靠得住的，他们横征暴敛，导致田主不是选择弃田逃亡，就是投靠豪族当佃客。另一方面，社会与经济的发展，也必然对土地交易提出要求，朝廷虽禁止土地自由买卖，但民间已在私下交易，并以私契代表官府的土地登记簿，作为土地所有权的凭证。最后，官方也不得不承认私契的有效性，即承认均田制的终结。

【白居易论经济制度】

1、唐代也发生过由"盐铁官卖"引起的争论。唐代前朝，官府倒没有垄断盐铁之利，但中唐之后，朝廷为汲取民间财富，先是推行盐铁直接官营，稍后又改为官府控制盐铁的生产，然后高价批发给商人，此即所谓"专利制"。盐铁专利的结果，除了推高盐价、苦了百姓，就是催生了一批"身则庇于盐籍，利则尽入私室"的权贵资本家[①]。著名的诗人白居易对"专利制"形式的统制经济提出过批评。

2、白居易将国家的经济制度（政策）分为优、中、劣三等。优等，即"出山海之饶，盐铁之利，利归于人，政之上也"，这是指国不与民争利、藏富于民的自由经济；中等，即"利归于国，政之次也"，大概是指利归于公的国有经济；劣等，"若上既不归于人，次又不归于国，使幸人奸党得以自资，此乃政之疵，国之蠹也"，说的是，国家管制下少数人得利的特权经济，即蜕变了的"专利制"[②]。

---

① 唐·白居易《议盐法之弊》
② 白居易《议盐法之弊》

【古人的AA制】

　　唐宋时期，社会出现了"醵资会饮"的时尚。"醵资会饮"的规则是这样的：比如十人会饮，每人各出资二钱，共得银二两，由其中一人主持宴会，若最后酒食杂费需银二两二钱，则结账时每人各多掏银子二分。这种消费方式是不是有点似曾相识？没错，这就是AA制。那为什么AA制只在西方社会流行起来，而中国人更喜欢轮流请客制？我不认为这两种会餐的付账方式有优劣之分，可能是因为人们在长期的人际交往过程中，发现轮流请客制更适宜中国人的社会生活，从而淘汰了AA制。

【宋代城市经济】

　　1、在宋代之前，中国的城市经济一直是受束缚的，这个束缚来自"坊市制"。所谓"坊市制"，是指城市中的居民区（坊）与商业区（市）严格分开，坊与市都筑有围墙，交易还有时间限制。这是国家控制城市商业的一项制度表现。但是到了北宋，蓬勃发展起来的城市经济力量终于冲破了"坊市制"的桎梏。实行了千年之久的"坊市制"终于瓦解。

　　2、"坊市制"的终结，又反过来进一步解放了宋代的城市经济力量。我们看看《清明上河图》或者《东京梦华录》《都城纪胜》，就可以领略到两宋都城的经济繁华了。在宋代的大城市内，不论是北宋的汴梁，还是南宋的临安城，临街皆是商铺，小商贩云集，酒楼歌馆遍设，瓦肆勾栏等娱乐业兴起，商业广告满街。宵禁的惯例也被突破了，有了夜市，"直至四鼓后方静，而五鼓朝马将动，其有趁买早市者，复起开门，无论四时皆然"①，简直就是"不夜城"。

3、宋代繁荣的商品经济，造就了一大批富户，宋真宗朝的宰相王旦说，"京城资产百万（贯）者至多，十万而上比比皆是"。②宋人也产生了非常明显的投资意识，一名宋代人观察到，"人家有钱本，多是停塌、解质、舟舡往来兴贩，岂肯闲著钱买金在家顿放？"③意思是说，宋代的市民如果有了闲钱，不会换成金子在家放着，而是会用来屯积货物，投资放贷业，或者从事贸易。

4、宋代的经济水平也达到有史以来的巅峰，不仅市民经济、交通网、手工业、海外贸易业高度发达（整个南宋国土的海岸线，都对外开放，与西洋南洋诸国发展商贸），也因应经济发展之需求，出现了纸币、柜坊（类似银行保险柜业务）、便钱务（货币汇兑机构）、"热钱"（所谓"岂肯闲着钱买金在家顿放"），城市人口达到20%以上，来自商业税的国家财政收入甚至超过了农业税，这是历史上的破天荒，一个商业社会几乎呼之欲出了，以至美国的一些汉学家都认为宋代已是中国的"近代初期"。

【不抑兼并】

1、赵宋建国，田制不立，不抑兼并，即土地私有，自由交易，以致宋代民间有"千年田换八百主"的说法，可见土地交易之频繁。

---

① 宋·耐得翁《都城纪胜》
② 《续资治通鉴长编》卷八五
③ 宋·徐梦莘《三朝北盟会编》

频繁的土地交易也带来了土地兼并的问题,一般都认为,土地兼并是古代社会民变之渊薮。所以历代统治者都将"抑兼并"当成王朝的头等大事来抓,一部分儒家也主张恢复井田制,废除土地私有制,以避免土地通过交易集中于少数人之手。

2、但宋代的情况却显示:兼并并不是民变的主要原因,恰恰相反,土地兼并释放出大量农村劳动力进入城市,有利于城市商品经济的发展;或形成稳定的地主—佃客关系,有利于农业的集约化生产。宋人也出现了替兼并辩护的言论,如苏辙说:"城廓之户虽号兼并,然而缓急之际郡县所赖:饥馑之岁将劝之分以助民,盗贼之岁将借其力以捍敌。故财之在城廓者,与在官府无异也。"[①] 在中国经济思想史上,这是了不起的见识。

【国家福利】

1、宋代的政府已经在有意识地构建一个完善的国家福利体系,包括设置孤老院、慈幼局、婴儿局、福田院、居养院、施药局、安济坊、漏泽园等常备福利机构;实施"每岁常例"的例行救济,"雪降则有雪寒钱,久雨久晴则又有赈恤钱米"。《宋史》说"宋之为治,一本于仁厚。凡赈贫恤患之意,视前代尤为切至",并不是溢美之词。

2、赵宋政府维持这么一个庞大福利体系的经费是从哪里来的呢?大致而言,宋代官办福利的费用,除了部分来自赋税之外,

[①] 宋·苏辙《栾城集》卷三十五《制置三司条例司论事状》

还有几个来源:"内藏钱",即皇室经费;公田的收入;常平仓的利息钱米;国营商业机构的收入,如"僦舍钱",即官营货栈的租金收入,国营企业的收入用于国民福利,不正是天经地义吗?另外,南宋时还有一些官员自掏腰包办福利。

【王安石变法】

1、北宋熙宁年间,宰相王安石推出一个涵盖了行政、社会与经济体制改革的变法计划,这里我们只说跟经济有关的三项:一、市易法,即国家设市易司于城市,通过"贵买贱卖"的方式控制市场、干预物价,同时也向商户发放二分息的贷款;二、均输法,即设立国营贸易公司,"从便变易蓄买,以待上令"[①];三、青苗法,即国家成立农村小额扶贫银行,向农民放贷收息。

2、不能不承认,王安石变法的理由很有诱惑力,比如,设市易法,可以"通有无、权贵贱,以平物价,所以抑兼并也"[②],防止大商贾把持市场、操控物价;设均输法,则可以"便转输、省劳费、去重敛、宽农民"[③],达到"敛不及民而用度足"之目的;设青苗法,又可使农民在青黄不接之时获得国家贷款,从而免受兼并之家的高利贷剥削。

3、然而,新法在推行之后,几乎都走向王安石标榜之宗旨的反面:因市易司垄断市场,"凡商旅所有,必卖于市易",结果"市

---

① 《续资治通鉴》卷六十七
② 《续资治通鉴长编》卷十
③ 《续资治通鉴》卷六十七

梳朴则梳朴贵,市脂麻则脂麻贵",以致"人皆怨谤"[1];均输法则"笼诸路杂货,渔夺商人毫末之利"[2];而青苗法的贷款也让农民苦不堪言,因为官府催缴本息,刻不容缓,分文不能少,导致贫民不得不"伐桑为薪以易钱贷。旱灾之际,重罹此苦"[3]。

4、王安石建议宋神宗搞官营经济时,拍胸脯说:"善理财者,不加赋而国用足。"司马光反驳他:"此乃桑弘羊欺汉武帝之言。"确实,王安石变法简直就是西汉桑弘羊改革的加强版。不过,王安石本人却颇瞧不起桑弘羊,说彼乃"区区聚敛之臣"。王安石认为自己的新法不是为聚敛,而是为义,为抑豪富、济贫民、足国用[4]。

5、但不管王安石自己说得多神,变法最后还是变成了彻头彻尾的"聚敛",比之桑弘羊主持的"盐铁酒榷"之政有过之而无不及。所以说,评判一项政策、制度的优劣,不能看它的初衷,更不能看推行者自吹的初衷,而是要看它的效果,看从初衷到效果,究竟打了几折。如果只看初衷,那计划经济一定是最优的经济制度。

6、黄仁宇先生对王安石的"不加赋而国用足"思想大为赞叹,说王氏的"经济思想和我们的眼光接近。他的所谓'新法',要不外将财政税收大规模的商业化"[5]。其实西汉的桑弘羊也说过,

---

[1] 宋·马端临《文献通考》卷二十
[2] 宋·范纯仁《上神宗乞罢均输》
[3] 宋·韩维《乞蠲除租税奏》
[4] 《续资治通鉴》卷六十六
[5] 黄仁宇《赫逊河畔谈中国历史·王安石变法》

"民不加赋国用自饶"。不加赋而想国用足,无非是政府亲自去做生意,大搞官营企业。司马光一眼就看透王安石的变法其实是变戏法:"不加赋而国用足,不过设法以阴夺民利,其害甚于加赋。"①

7、黄仁宇认为王安石变法之所以失败,是因为传统社会落后的组织方式与制度技术不足以支撑王氏先进的财政思想。不客气地说,黄仁宇太扯了。新法之败,不是因为它有多先进、北宋社会又有多落后,而是因为,王安石的那一套打破了国家与市场、社会之间的脆弱防线,放大了官吏涌入社会与市场榨取商民脂膏的机会与空间。因此,新法必受主张"不与民争利"的士大夫所抵制,也必受民间所抗议。

8、王安石新法所受到的抵制,是中国古典自由经济思想对统制经济思想的抵制。南宋的叶适曾对市易法发表过一番看法,恰好可以给中国古典的经济自由主义思想作注脚。叶适说,"开阖、敛散、轻重之权不一出于上,而富人大贾分而有之,不知其几千百年也,而遽夺之,可乎?夺之可也,嫉其自利而欲为国利,可乎?"②

9、叶适这句话的意思,我们意译一下,说的是——商品的定价、交易之权,向来不应该由官府的"看得见的脚"来掌控,而是分散于市场上的企业家与大商人群体中,由"看不见的手"在冥冥中调适,这是千百年来市场形成的惯例了,官府怎么可以遽夺过来呢?夺过来也就罢了,你又怎么好意思打着"为了国家

---

① 《续资治通鉴》卷六十六
② 宋·马端临《文献通考》卷二十

利益"的旗号呢?

【招标】

如果我说,宋代已经出现了比较周详的"投标"制度,您可能不信。但是事实上,宋代确实有了"招标"、"投标"制。宋代对部分国有资产实行的私有化改革,即采用"投标制",比如政府要出让一坊场,先由官方立价出榜,召集民户出价写标书,密封投标,再由官方开标比价,"着价最高之人"即获得产权或经营权[1]。需要指出的是,宋代的招投标并不是偶而为之,而是广泛、长期采用,而且形成了一套相当完备的制度、程序。

【晚明自由经济】

明代的开国皇帝朱元璋很讨厌商业社会的流动性,因此极力去建立一个严控制的农业社会。但至明中叶,自由经济还是萌芽并蓬勃生长出来,出现了非常繁荣的城市商业、手工业。这应归功于:一、"法网渐疏",即国家对社会已无力保持先前的严密控制;二、"轻役省费",明代正式的商业税与徭役并不重。非常可惜的是,这蓬蓬勃勃的自由经济,很快就被万历皇帝派出的矿监税使摧毁掉。

---

[1] 《宋会要辑稿·官田杂录》

【明代商人的弱势】

1、尽管在晚明，城市商品经济已经相当发达，也出现一个庞大的商人群体，商人也获得了一定的自治空间，并表现出不俗的自治能力，如组织商帮、设立会馆。但是，晚明的国家—社会结构，却表现为失衡的权力独大，国家也未能发展出一套牢固的产权保护制度，于是商人难免成为官吏盘剥的对象，商民的店铺、居民的住宅，官府找个理由便可以征收、拆迁。

2、当"社会权力"（Social power）无法抗衡国家权力时，弱势的商人如何避免官吏的盘剥？明代商人的经验是：一、花一笔钱买顶官帽子，进入权力圈，即获得正式的权力；二、花一笔钱托庇于官场靠山，即获得隐权力。嘉靖年间，京城有当铺愿用3000两银买一张严嵩的名帖，有此帖便可免受官府欺负。这名帖的功能类似于后世企业老板跟领导人的合影。

3、因商人无力抗衡国家，晚明繁华的自由经济局面很快被税使摧残掉。明人有过统计："在河西务关，则称税使征敛，以至商少，如先年布店计一百六十余家，今止存三十余家矣。在临清关，则称往年转商三十八人，皆为沿途税使盘验抽罚，资本尽折，独存两人矣。又称临清向来缎店三十二座，今闭门二十一家；布店七十三座，今闭门四才五家；杂货店六十五座。"①

---

① 《明神宗实录》卷三七六

【抗税】

1、明清两代，由于官府滥征捐税，引发多次抗税暴动，值得指出的是，即使在这种激变行动中，反抗者还是表现出不一般的克制与自治能力。先来看明万历二十九年（1601年）发生在苏州的一起抗税暴动，领头人叫葛成，他要追随者在神前起誓，约定"不侠（挟）寸刃，不掠一物"、"分别敌友，不取财物"，将反抗的对象限定于盘剥商民的税官。①

2、在葛成的指挥下，抗税队伍包围了苏州税官的住宅，纵火焚烧，来不及逃跑的税官被愤怒的人群拖出来打死。对苏州的良民则秋毫无犯，反抗队伍曾误入一民家，但很快就发现误会了，"首者即率诸人罗拜"。即使在纵火焚毁税官住宅时，组织者也先警示附近居民做好准备，防止火势蔓延。葛成最后向官府自首，被尊为义士。

3、清道光年间，为反抗县衙在征收漕粮时的浮收勒折，湖北崇阳县的生员钟九，率领众人攻入县城，自行制订了禁革钱漕积弊的章程，胁迫知县加盖县印，只准以后按新章程征漕，然后钟人杰找人将新章程刻在石碑上，立于各乡。老百姓并不是拒绝缴税，而是拒绝缴纳被官吏层层盘剥的"黑税"。现在忍无可忍的草民自行决定了征税标准——谁说中国人没有议税能力？

---

① 《神宗实录》卷三六一

【会馆与公所】

1、中国明清时期与西欧中世纪都出现了发达的行会组织，行会的功能主要表现为自保与自治。"对于（西欧中世纪的）手工业者和商人来说，他们虽然不可能完全拒绝封建主的要求，但也不愿意听凭其任意榨取，只要条件允许，他们不断抗争。在这过程中，事实使他们懂得了个人的力量和影响极其有限，唯有结成团体才能有效地保护自己的权益，并使封建主做出一定的让步。"[1] 这样的描述，同样适用于中国明清的会馆、公所。晚清时的日本人观察到，"清国自古以农立国，崇本抑末之说，深中于人心。官之于商，刻削之而已，困辱之而已，凡商情之向背，商力之盈亏，置若罔闻，不有会馆、公所以维持之，保护之，欲求商业之发达，岂不难哉？"[2]

2、西欧中世纪的行会拥有部分"司法权"，"行会在经由市政权威认可后，可以自行制定法规，采取法律形式，由师傅组成的议事会可以组成法庭或直接起法庭的作用，通过法律程序来仲裁成员间的纠纷，对于违法行为的处分主要是罚金。"[3] 这样的行业自治，同样也存在于中国的行业组织中。明清时期的各个行业几乎都成立了自己的行会，会馆或公所是最具代表性的两大类行会组织，大致而言，会馆是以地缘为纽带组织起来的，公所则是以同业为纽带组织起来的。会馆与公所除了提供祭祀、救济之外，也订立了会规、行规，对本行业发生的纠纷进行仲裁。它们的兴起，

---

[1] 沈芝《行会与市民社会》第四章，中国社会科学出版社，2009年。
[2] 转引自陈宝良《中国的社与会》（增订本），中国人民大学出版社，2011年。
[3] 沈芝《行会与市民社会》第二章，中国社会科学出版社，2009年。

展现了中国商人群体在缺乏国家法律保护的情况下寻求自治的智慧与技艺。

【商会】

1、中国商人很早就有自己的组织，如商帮、行会。但商帮与行会限于地缘或行业之畛域，到近世已不足代表整个壮大起来的商人阶层，为"恤商情、振商务、保商权"，光绪二十八年（1902年），上海商业会议公所宣告成立，此为中国近代首个商会。清末的商会具有巨大的"社会权力"（Social power），不但可以调解和仲裁商事纠纷，而且积极地参与进地方治理与国家宪政构建中。

2、清末商会的催生婆是清政府，且其性质不乏"官督"之色彩。但商会一诞生，便显示出独立而强大的"社会权力"，商人得商会组织之助，大有"登高一呼，众商皆应"之势，因而，原来失衡的官商关系为之一变，用张謇的话说："自各处设立商会，商人……即渐有不受'留难需索于局卡'之思想（商人不再甘受官衙勒索刁难）。一遇前害，辄鸣不平，不复如以前噤声忍受。"①

【商事裁判所】

1、如果从自治的角度来说，清末商会最值得关注的应该是商会附设机构——商事裁判所的设置。清政府在《奏定商会简明章程》中提出，"凡华商遇有纠葛，可赴商会告知，（商会）总理

---

① 近人·张謇《张季子九录·实业录》

定期邀集各董秉公理论，以众公断"。此即官方承认商会具有商事仲裁之权力。商人也希望商事纠纷在商会自治框架内解决，认为"各商会宜自设商事裁判所，免与官吏交涉"。所以各地商会成立后，多设立商事裁判所。

2、商事裁判所处理商事纠纷的程序大致是这样的：发生纠纷之两造都同意提请仲裁，裁判所方得进行评论、公断；公断的结果须双方信服，方具有效力；若一方不服，可向官府提起诉讼。商会的这一商事仲裁权，既继承自行会的自治传统，也跟现代社会的"非诉讼纠纷解决机制"相合。各商事裁判所也表现出高超的自治能力，"时有曾经纠讼于地方衙门经年未结之案，乃一至该会评论之间，两造皆输情理而遵理结者,功效所在,进步日臻"。[①]

【西家行】

1、我曾以为像工会这样的工人组织、罢工这样的社会运动，只有在近代，西方企业及经济思潮传入后才在中国出现。其实错了，至迟在康熙年间，苏州的纺织业工人（踹匠）已经发起过多次罢工，当时叫做"叫歇"，罢工的踹匠们还提出成立踹匠会馆。这个踹匠会馆，就类似于踹布行业的工会。只要官府不压制，民间社会自会发育出它需要的东西，中西一理。

2、清代的广州与佛山，因工商业发达，催生出了中国最早的工会组织——西家行。不要以为工会是近代之后西方传入的新

[①] 《苏州商会档案汇编》第1辑

事物。早在乾隆六年（1741年），在佛山的石湾，陶瓷业的工人已经在运用工人组织跟东家协商工资标准了——"联行东西家会同面议各款工价实银"。其他行业的工人，也能够通过本行业的西家行，来维护自身的权益。[①]

3、清代踹匠要成立"工会"的诉求，受到苏州当局的拒绝。官府认为，让踹匠组织化，"则无籍之徒，结党群来，害将叵测"。然而，对踹匠会馆的压制，却迫使部分踹匠走入地下，"纠集拜把，商谋约会"。这些秘密结社，也成了地方社会的不安定因素[②]。而清代广州与佛山工商界的行业自治经验则显示，因为有西家行（工会）为劳动者提供表达利益诉求的组织化代言人、参与利益谈判的制度性渠道，工匠反而没必要与资方发生激烈对抗。

【商习惯】

1、中国律法体系缺乏系统的成文商法，但商民在交易往来中却建立了非常丰富的民间商事习惯，光绪年间，浙江的一位知县说，"今各处贸易，皆有规定"，"畛域各自分明"，"此皆俗例，而非官例，私禁而非官禁。地方官要不依顺实情，若欲稍事更张，则讼争蓬起。"在广州，也是"商各有行，行各有规"，"一行之中，凡货式之大小、工资之多寡，均有定章，同行各人共相遵守，不容混淆。有违例者，无论东家西家，行众定必鸣鼓而攻，不遗余力"[③]。行会与行规的成熟，显示中国工商界在清代已经自发形成

---

① 《明清佛山碑刻文献经济资料》
② 《明清苏州工商业碑刻集》
③ 1897年4月28日《香港华字日报》

了优良的自治秩序。

2、清末时，有人评论说，粤商无商律而有行规，因而各商业团体能以行规联结起来。其实其他商业发达的地方，也是如此。这显示了一个道理：有无商律不应成为衡量行业自治的标准，自发形成的行业自治秩序（行规），显然要比人造的经济法规（商律）更优。商律只是对行规的事后承认。相反的情况是，经济法一大堆，但行业自治秩序付之阙如，我想象不出这样的商界治理水准能高明到哪里去。

【清代的民间金融】

1、中国的民间金融业发展到清代，已经相当成熟了，自由市场的伟力与金融企业家的创造力，在漫长的交易过程中，构建出了一个多层次的民间金融体系。这个多层次的金融体系涵盖了合会、炉房、当铺、印局、账局、因利局、钱庄、票号等金融形态。各个层次的金融机构都有自己的行会，如账庄商会、钱业行会、汇业公所等，负责同业之间的业务合作、关系协调与纠纷处理。

2、在清代，按照习惯，商人们只要有足够的本金，不管是独资，还是合股，都可以开设金融机构，甚至不用向政府备案。国家对民间金融基本上不过问，悉听其便，只有在发生"奸商闭钱铺"、卷款潜逃之类的问题时，官员才会建议朝廷"酌议限制章程"。朝廷不进行严格的金融管制，民间社会就不能形成优良的金融秩序吗？当然不。旧时，维系商民之间交易、生产、生活的金融秩序，向来是民间社会自发建立的。

3、在光绪三十四年（1908年）清政府立法监管金融之前，民间金融业当然不是不存在大家共同遵守的规则，只是这些规则表现为自治性质的习惯法，由钱业行会维护，"同业在市场上不能不守种种规则，增进声誉"[①]。光绪二十六年（1900年），上海钱业公会因"近来人心不古，往往不循市规，亟应整顿，以杜流弊"，于是"邀集同人，重订章程"[②]。这是上海金融业的第一个成文规则，比清政府的金融立法还早了八年。

【合会】

合会是民间为集资而成立的互助组织，又称"银会"、"义会"，当然我们最熟悉的名称应该是"标会"。在清代的福建，"民间恒有企图营业而无资本，爰集亲朋戚友创立一会，以其会金充当资本者。俗呼之为'义会'，其创会人名曰会首，余均为会脚。会脚至多不得过三十名，各出同数会金若干，交于会首收受。每月投标一次"[③]。

如今江浙、福建、广东一带的民间，仍然存在标会的信用融资形式。许多人认为民间合会容易产生金融诈骗之类的流弊，其实多数时候，在熟人社会中，合会是保持着良好秩序的。通过合会的敛散，民间的闲散资金也得到了最优化配置——有闲钱之人得以放贷生息，急需钱之人得以及时集资。

[①] 1922年6月《上海钱业公会致入会同业书》
[②] 上海南北钱业公启《重整条规》，载1900年2月23日《申报》
[③] 清末民初《民事习惯调查报告录》

【当铺】

当铺是最古老的抵押贷款机构,据说最早的当铺产生于南北朝时期的佛教寺院,彼时南朝有一些寺院在经营以衣物等作抵押的放款业务,这是当铺的滥觞。清代前期,内务府曾利用内帑、库银开了二十六间当铺,但多数都因为摆脱不了经营不善、连年亏损的"国企病",通通倒闭掉了——想象一下,权力闯入市场时的庞大身躯是多么的笨拙啊。

【印局·账局·因利局】

1、印局是向城市小商贩提供无抵押、高息、小额贷款(时称"印子钱")的金融机构,印子钱虽然利息高,却是城市经济链条上不可或缺的一环。这一点,清代的内阁大学士祁寯藻已看得清清楚楚,他说,"京师地方,五方杂处,商贾云集,各铺户籍资余利,买卖可以流通,军民偶有匮乏,日用以资接济,是全赖印局的周转,实为不可少之事"。[①]

2、账局则向大商户、当铺、印局、钱庄及官员等大客户放贷。印局与账局之间形成了共生关系,如咸丰年间,受太平天国战事影响,京城的账局纷纷撤资,导致印局出现资金链断裂,进而商贩的生计受到影响、也难维持。一位官员看到"账局不发本,则印局竭其源;印局竭其源,则游民失其业"的情形,建议朝廷下发通知,"令各账局、印局照常开设"。[②]

---

① 转引自《明清晋商资料选编》,山西人民出版社,1989年。
② 清档《通政使司副使董灜山奏折》

3、因为印局发放的印子钱是高利贷，难免出现贫民受其盘剥的情况。为救此弊，晚清时，社会又出现了因利局。因利局是向贫民提供免息、短期、小额贷款的慈善性金融机构，"因利"二字即取自孔子的话"因民所利而利"，有些地方的因利局也叫做免利借钱局、便民局、借本公所、利民局。因利局的出现，显示了民间金融自我完善的过人智慧。

【山西票号】

1、票号是最接近于近代银行形态的民间金融组织，被称为"现代银行的乡下祖父"。第一家票号由雷履泰在道光三年（1823年）创立于山西平遥，从此开创了山西票号领袖群伦的时代。山西票号的经营范围包括存、贷、汇、兑、代办结算、债务清偿、发行银两票等；山西人还将票号分号设遍国内各大城市、大商埠。当时全国有票号51家，有43家总号在山西，其中22家总号在平遥，不显山不露水的平遥城差不多就是大清国的"金融中心"。

2、山西票号创造的股份制、两权分离制，跟现代企业制度相比也不逊色。早在明代，晋商就以合股融资的方式来组织商号，山西票号实行的股份制更是发展出非常成熟的形态：不仅仅指若干财东合股投资票号，按股份多寡承担风险与分配收益，而且，票号的大掌柜与其他业务骨干也可以人身入股，称为"身股"。在每一个财务决算期，财股与身股按同等标准分配红利。

3、山西票号的"两权分离"，说的是财东所有权与票号经营权完全分开，财东在物色好合适的大掌柜之后，以礼相聘，委以全权，票号之内，一切由大掌柜说了算。财东的权力只体现在账期决算上，每到决算期，大掌柜择日约请财东聚会，凡扩充业务、赏罚同仁等事，全由财东执行裁定。大掌柜则"为建议首席，听其咨询"。

4、从票号财东与大掌柜之间那种完全的信任，我们可以真切感受到晋商传统中沉甸甸的"信义"二字。晋商票号重信义，以信义为支点，建立财东与经理人的委托关系，并向外推展，构建了票号与客户之间的互信，最后形成了最可信赖的交易秩序。用一位票号大掌柜的话来说，晋商票号"虽亦以营利为目的，凡事则以道德信义为根据，大有儒学正宗之一派"[①]。

5、在《银行法》尚付之阙如的时代，客户将真金白银交付给票号，换来一纸没有法律约束力的汇票，凭的就是对票号信用的信任。庚子之乱时，晋商票号损失惨重，但对客户存款的兑现，不短分毫。晋商票号也因此"声价大增，不独京城中各行推重，即如官场大员无不敬服，甚至深宫之中，亦知西号（山西票号）之诚信相符，不欺不昧"[②]。

6、山西票号还通过晋商组织、汇业组织来扩展与保护票号的规则与信誉，他们制定了"平遥钱业同业公会规则"。光绪初年，山西票号商人又在上海设立"山西汇业公所"，这是山西商人在上海的同业自治组织，其职能是维护山西票号的利益与规范，"如果有同业违背公所协定的规约时，协同加以制止，并且在发生交

[①] 晚清·颉尊三《山西票号之构造》
[②] 晚清·李宏龄《山西票商成败记》

涉事件的时候,董事加以裁决"①。

7、清代的民间金融虽有自由,虽无法律管制,却摆脱不了对权力的依赖。由于严重依赖权力网络,山西票号"对于应酬官场极为注意","北京经理常出入于王公大臣之门,省会经理亦往来于督抚藩臬之署,招揽生意,各逞才能"②。这实际上是将自己的命运与权力捆绑在一起了,当权力能够提供照顾时,票号当然抓到了优质的客户与资金,而当权力发生更替时,票号也就难免大受其累。这正是山西票号在清末民初由盛转衰的一大原因。

【富强的真义】

晚清,国人见识了西方之国富兵强,有识之士莫不以"富强"、"兴利"为追求,所以便有了洋务运动的官办企业。但是,最早明白西欧之所以富强的郭嵩焘,却写信告诉国内友人:"国于天地,必有兴立,亦岂有百姓困穷,而国家自求富强之理?今言富强者一视为国家本计,与百姓无与。抑不知西洋之富专在民,不在国家也。"③其中道理,孔子的弟子有若也说过:"百姓足,君孰与不足?百姓不足,君孰与足?"④

【百年老店】

1、洋务运动创办了一批近代企业。如果那不是官营经济,

---

① 清末日本人柏原文太郎《支那经济全书》
② 《山西票号史料》,山西经济出版社,2002年。
③ 清·郭嵩焘:《与友人论仿行西法》
④ 《论语·颜渊》

而是产权明晰的私有公司；再如果那时的政局变化，不致造成社会震荡、重组，那么，很难说当年的洋务企业不会发展成为今日的百年老店，与日本三菱之类一争长短。中国的事情，一个悲哀之处是，企业不在市场上兴灭，而是被政治洗牌。

2、以前看过一本《大公司与关系网》，里面讲述晚清至民国期间，六家外资公司与华资公司在中国的商业拓展模式。让我颇为感慨的是，在这六家外资公司中，美孚石油公司、英美烟公司与三井物产株式会社，直到今日，仍然是世界有名的大公司；而中国的近代民族企业，申新纱厂、大中华火柴公司，则早已烟消云散。

【以义制利】

美国默克制药的缔造者乔治·默克说过一句话："应永远铭记，我们旨在救人，不在求利。"让不少中国人不由生出感慨："看看人家是怎么做药！"其实，中国自古就有"以义制利"的商业伦理传统，在旧时，许多中药铺和郎中的医馆都贴有这样一副春联："但祈世间人无病，何愁架上药生尘"，这不正是跟乔治·默克所表达的意思一致吗？今日之市场败坏，正是商业伦理传统被斩断之故。

【清末绅商】

1、儒家观念中有"轻商"传统，但这一观念在明代时被打破，社会出现"舍儒就商"的趋势。这是中国工商界发生的一个深刻变化,即士绅与商人合流。至晚清时,终于结成庞大的绅商阶层。绅商的崛起,意味着一个接受了士绅理想的商人群体,正在从逐利的理性经济人变成具有政治自觉的社会新秩序构建者。事实上,绅商正是领导晚清变革的主要力量。

2、黄仁宇说,"传统中国,士绅分布太过于分散,以至于难以作为一个组织化的集团而行动,他们也从来不会以大宪章的方式公开而集中地表达权利诉求。……商人也从来都没有足够的影响力来迫使政府向他们作出法律上的让步。"[①] 这个黄仁宇"魔咒"在清末被打破了——因为绅权的增长、绅商共同体的崛起、绅商政治自觉的苏醒。

3、晚清绅商是具有政治自觉的社会新秩序构建者,显赫者如张謇,不但是南通地方自治的主持者,更是清末立宪运动的社会领袖;平凡者也多以"商董"、"店董"的身份,成为领导地方自治特别是市镇治理的主要力量。绅商领导的公所、行会、商会,也不仅是行业内部自治的机构,而且广泛介入了城市的公共治理。

4、有一件事可以说明清末绅商的力量。光绪末年,两广总督岑春煊勒逼粤商加捐修铁路,遭众商反对,岑总督以"破坏路政"为由逮捕了绅商代表黎国廉。结果,广州各商行"会集数千人,声明不认岑为粤督"[②];绅商又致电北京,称"岑督一日不去,粤

[①] 黄仁宇《现代中国的历程》,中华书局,2011年。

[②] 1906年1月18日《时报》

东一日不安"[①]。最后岑春煊不得不放弃官办铁路的计划。商人对抗总督，并向朝廷施压，而且获胜，这在之前简直不可想象。

5、清末粤商之所以敢与总督大人相抗争，而不必"跪着维权"，最重要的原因在于，当时的绅商不仅拥有强大的经济实力，而且获得了组织化的政治谈判力量与政治游说力量，以及制度化的博弈平台——广州工商界的自组织本来就发育得比较成熟，行会发达，何况，在清末之世，清廷权威日弱，绅权日增，绅商有了新成立的商会，还控制了报界与谘议局。

【三种商人境界】

1、晚清出过三位巨商：胡雪岩、盛宣怀、张謇。我们现在回头来看他们，会发现他们分别代表了不同的商人境界。胡雪岩出身最卑微，少年时只是钱庄小伙记，后来因时来运转结识了高官王有龄，傍上权力的大腿而发迹。胡雪岩虽有"红顶商人"之称，实际上只是一名民营企业家，只不过当时经商离不开权力的眷顾，所以捐了顶官帽子，方便沟通官场上的人脉。可怜最后却落了个"墙倒众官推"的凄凉下场。

2、盛宣怀出生于官宦世家，办理洋务出身。如果说胡雪岩是民营企业家，盛宣怀就是典型的官商，是官办企业、官督商办企业的官方代理人，胡雪岩只能依靠私人的官场网络提供庇护，盛宣怀则完全以正式的权力代表的身份圈占市场，左手官印，右

---

① 1906年2月1日《香港华字日报》

手算盘。他不但掌握着胡雪岩望尘莫及的财富与权力,而且长袖善舞的本事,大概也会让胡雪岩自叹不如。但也正因为如此,官场一发生大变故,盛宣怀的命运就难免随之被改变。

3、说到张謇,大家都知道他是"状元实业家",中了状元不做官,跑去办实业。也一定会有人说他是"实业救国"的代表性人物。如果这样来理解张謇,那太小瞧这位状元爷的意义了。最适合张謇的身份界定就是"绅商"。他是一名成功的大商人,更是一位具有政治自觉、社会关怀与伦理操守的中国士绅。他是商绅的大道。

4、跟晚清所有的"红顶商人"一样,张謇有功名,也有着深厚的官场人脉,但张謇显然更愿意运用他的官场资源来为商人阶层谋取更独立的地位、更大的权利和更多的利益。是他掷地有声告诉他的生意合伙人:"官有干涉,謇独当之,必不苦商。"并缩减了官股的比重,使企业"名虽为官商合办,一切厂务官中并未参与"[①];是他提出设立商会,以商会分官之权,官应还权于商。

5、没错,张謇是实业家,但也不仅仅是实业家。实业只是张謇整个复兴社会计划的起始环节:用办实业的利润投入教育,以教育启民智,"实业教育既相资有成,乃及慈善,乃及公益"。他苦心经营家乡南通的自治,"对于政府官厅无一金之求助"。张謇自称,二十多年来,他得于实业而用于教育慈善及地方公益的资金,"凡二百五十七八万,仍负债六十万有奇"[②]。

---

① 《大生系统企业史》,江苏古籍出版社,1990年。
② 近人·张謇《为南通地方自治25年报告会呈政府文》

6、站在清末这个"历史的拐弯处",张謇有着胡雪岩与盛宣怀所没有的政治自觉,所以胡与盛的公共关怀,只能停留在慈善捐献的层次,而张状元则致力于推动经济自由、社会自治与宪政转型的历史进程。是他致信袁世凯,请他劝说慈禧立宪,民国学者萧一山认为,"袁世凯对清廷之决行宪政,颇有促成之功,而其原则亦由张謇之怂恿也"。大哉,张状元的商人境界!中国不需要胡雪岩与盛宣怀,而需要张謇。

第五辑
王朝政影录

我们还需要再转一次身，这回是来看看"王朝政治史"。许多人都认为中国几千年政治就是一部"封建专制"史，但这种说法有失偏颇。在秦制建立之前，先秦的封建制是典型的多中心治理制度，统治权由天子、诸侯、大夫各级贵族分享，其权力也普遍受礼制的约束。所谓"封建"，即不可能"专制"。而在秦建立大一统的集权国家之后，虽然出现了严重的君主专制倾向，但秦制经过儒家的改造，专制的烈度已大大降低。

当然，在不同的朝代，专制的力量与儒家反专制的力量此消彼长，呈现出来的专制程度也大不相同。总的来说，从汉至清，当皇权愿意接受儒家政治哲学的塑造时，比如宋代，王朝的专制烈度就会降低；而当儒学无力左右皇权的运作时，比如明清前期，王朝的专制程度则会加剧。

本辑文字，主要是记录各个王朝政治生活上的一些有趣细节，通过对这些政治细节的考察，我们或可窥见一个王朝的政治形态。

【我反感的皇帝】

在我的名单里,最反感的皇帝依次如下:一、秦始皇(残暴,大集权制度的始作俑者);二、汉武帝(残暴,汉初相对自由的政治经济状态终结者);三、朱元璋朱棣父子(残暴,专制政制的升级者);四、雍正乾隆父子(文字狱的集大成者,专制政制的登峰造极者)。

【我赞赏的皇帝】

若说到我赞赏的皇帝名单,则依次为:一、汉文帝(垂拱而治。网疏而民富);二、刘禅(阿斗先生证明了:只要宰相选对了,皇帝是白痴也无所谓);三、李世民(算是难得一见的既有雄才大略又相对开明的君王);四、北宋的多数皇帝(整体而言,宋代的皇帝是最尊重礼法约束与文官系统的)。

【我最喜欢的政治家】

在历代政治家名录中,我对郑国执政子产最有好感。因为:一、子产不毁乡校,称乡校议政,"其所善者,吾则行之;其所恶者,吾则改之。是吾师也,若之何毁之?"[①] 这句话,可以理解为子产不主张管制社会。乡校,乃公民社会之萌芽也。二、子产尊重国君与商人订立的盟誓,"尔无我叛,我无强贾,毋或匄夺。

---

① 《左传·襄公三十一年》

尔有利市宝贿，我勿与知"①。从这句话，又可以看出子产并不主张干预市场。盟誓，乃市场经济之契约也。谦抑、明智的执政者，就应恪守权力边界，不干涉社会与市场。

【罪己诏】

1、旧时，在国家遭遇灾异时，皇帝往往会下诏罪己。经过了现代理性主义启蒙的人，是很难理解古代皇帝颁发"罪己诏"之意义的，或许以为那是作秀呢。但在社会普遍相信君权天授的时代，天子下"罪己诏"，意义重大。（1）承认皇权之上，天道不远人，皇权接受天道的约束；（2）承认"万方有罪，罪在朕躬"，表示"朕"愿意承担受上苍惩罚的责任。

2、在君权天授的时代，皇帝下"罪己诏"，可以收拾人心、获得天下士民谅解、保护政权合法性。当然"罪己诏"并非神仙咒，在民不聊生、政权合法性全面流失的时候，它肯定回天乏力。但"罪己诏"的意义不在于它能起多大实质性作用，而是表达了一种政治姿态，乃至可以说表达了一种"宪政姿态"，就如民主时代行政长官的引咎辞职。

【不可打】

旧时县衙审案，刑讯逼供是少不了的。不过，前人也列有若干"不可打"的情况，包括：万寿圣节不可打，国忌不可打；年

---

① 《左传·昭公十六年》

节朔望不可打,大雪不可打,疾雷暴雨不可打,人走急方至不可打,盛怒不可打,酒后不可打,事未问明不可打,孝服不可打,孕妇不可打,年老废疾不可打,稚童不可打,人有远行不可打。[1]

【治民之约】

1、我说过"礼治就是法治"。有人质问：法治是一种契约关系，中国有契约传统吗？不好意思，还真有。周代设有"司约"，"掌邦国及万民之约剂。治神之约为上，治民之约次之"[2]。这里，"司约"就是管理契约文书的法官；"约剂"就是契约文书；"治民之约"就是国君与万民订立的契约文书。猜一猜，"治民之约"的内容是什么？

2、"治民之约"类似于税法与民法典，上面记载了万民缴税的义务与权利，以及民众迁移、买卖赊欠、和解的规则。可以确信，这些民约不是来自国家单方面的统一制订，而是从礼法传统中发现、确立下来的。民约用丹朱刻书于竹帛，藏于府库，凡出现争讼，则开府取视约书，违背约书一方，要受墨刑。这有几分契约社会的模样了。

【春秋有义战】

1、孟子称，"春秋无义战"。这是因为他认为"礼乐征伐自

---

[1] 参见清·黄六鸿《福惠全书》
[2] 《周礼·秋官》

天子出"才是正义的,而春秋"礼乐征伐自诸侯出",是为不义之战。不过在今日回头去看,我们平心而论,还是要承认春秋是有"义战"的。战国开始的战争才无所谓"义战"。

2、春秋之义战,可以从两个层面进行考察:(1)就征战的目的而言,义战是以兵代刑,以戈止武,以武力维护、恢复礼治秩序,比如《左传》说,"凡君不道于其民,诸侯讨而执之";(2)从战争的形式来说,交战双方都遵守着古老的军事礼仪,比如不乘人之危,成语"退避三舍"说的就是贵族战争的礼法。

【因其俗·变其俗·除其俗】

1、齐国是吕尚(即姜太公)的封国,《史记》说"太公至国,修政,因其俗,简其礼,通商工之业,便鱼盐之利,而人民多归齐,齐为大国"。"因其俗,简其礼"六个字,体现了太公高明的政治智慧——对于邦国统治者来说,权力的边界在哪里?姜太公的经验表明:权力应止步于民间的风俗习惯,因为那是权力不该闯入的领域。因此,治理邦国,应当顺应风俗,亦即尊重社会的自发秩序,用儒家的话来说,这叫做"修其教,不易其俗;齐其政,不易其宜"。

2、鲁国与齐国相邻,是周公的封国。周公命他的儿子伯禽前往治理鲁国,三年后伯禽才向周公报政(太公只用了一年就向周公报政),周公问,为什么这么迟?伯禽说:"变其俗,革其礼,丧三年然后除之,故迟。"① 原来他对鲁国的治理,采取了跟太公治理齐国相反的政策,太公主张"因其俗,简其礼",伯禽则坚持"变其俗,革其礼"。周公听后,叹息说,"呜呼!鲁后世北面事齐矣"。有大智慧的周公预见了鲁国以后臣服于齐国的后果。

3、秦始皇统一六国后,做了一件现代启蒙主义知识分子做梦都想完成的事情——令各地"除其恶俗"②。所谓"恶俗",无非是社会的礼俗秩序、地方的风俗习惯,它们不是秦王所立,相对独立于国家立法之外,因而必须铲除掉,以统一的秦律替代之。这是警察国家的逻辑。传统在,习俗在,警察国家就难立身,所以它要摧毁传统。以秦国的强大国家权力,或许真能逞一时之强,将"恶俗"铲除了,但这个过程不可避免地制造了民间的对抗心理,从而埋伏下亡秦之患。

【伍子胥】

1、他们都是楚国人。一个因楚王听信谗言,而被两度流放;一个因受奸妄陷害,几近被楚王灭门,侥幸逃至吴国。最后,一个怀着"荃不察余之衷情"的苦闷,投了汨罗江而死;一个率吴国大军攻入楚都,掘楚王墓,鞭尸三百,报了父兄之仇。对,他们一个是屈原,一个是伍子胥。每年的端午节都在纪念屈原,我独敬伍子胥。

2、伍子胥率吴军攻陷楚都,掘楚王墓。如果剔去战争手段

---

① 《史记·鲁周公世家》
② 《睡虎地秦墓竹简》

的残酷性,抽象出复仇后面的伦理关系,这一伦理关系既是古典的,又是合乎现代价值的,即君臣之间是对等的契约关系,而不是绝对的奴役—效忠关系。楚王破坏契约在前,伍子胥复仇于后,对等,天经地义。后世什么"君要臣死,臣不得不死",滚他娘的蛋。

【商鞅徙木立信】

良法是不需要"徙木立信"的,因为良法总是根植于人们自觉遵守的传统,包含了对人之常情、世之常理的尊重,是从人们约定俗成的交往规则中"发现"出来的,因此,它理所当然地具有积累起来的权威。只有横空出世的秦法制才需要徙木立信、杀人立威,因为它是无根的,所以必须以霸道的国家权力将它"扎根"下来。将商鞅"徙木立信"当成法治,那是天大误会。商鞅其实是在立国家权力之无上权威,暗示臣民:不管国家律令多么反常变态,它都一定会被坚决执行。以此来强化臣民不假思索的服从。

【虎狼之国】

魏国公子无忌评价秦国:"秦与戎翟同俗,有虎狼之心,贪戾好利无信,不识礼义德行。苟有利焉,不顾亲戚兄弟,若禽兽耳,此天下之所识也。"[①]一个虎狼之国跟不那么虎狼的他国决战,通常都是虎狼之国获胜的。秦灭六国,简单点说,就这么回事。秦国最后一统天下,决并不意味着秦制有多么了不起的优越性。

---

① 《史记·魏世家》

【秦制的动员力】

秦始皇建立了一个空前专制的政体,这个政体的动员能力表现出惊人的高效率。秦朝2000万人口,但朝廷却能征用40万人筑长城,50万人戍五岭,70万人造皇陵,70万人修阿房宫,等等。这样的国家动员水平,也只有现代政体可比拟。许多人以为古代统治技术不发达,因而才做不到高度专制,这不是小瞧了始皇帝与秦制么?

【在其位谋其政】

1、汉代的宰相有调和阴阳之职。丙吉为相时,一次路遇有人斗殴,伤及人命,丙吉没有过问。又有一次路见耕牛卧于地上喘息,丙吉马上上前,向牛的主人问长问短。随从不解,丙吉解释说,斗殴之事,自有地方官、廷尉处理,用不着我过问;而今方阳春,牛却喘息,是阴阳不协的征兆,我身为宰相,哪能不问?如果不理解汉代"天人感应"的政治哲学,不理解所谓"调和阴阳"在古典政治中的重要性,我们会觉得丙吉"不问人只问牛"的行为很不可思议。但如果对历史有同情之理解,则我们会发现丙吉的解释其实体现了深刻的政治智慧:在其位,谋其政。作为宰执,他应该关心大政方针,而不是事事插手。

2、从汉文帝与左右丞相的一段对话,可以看出宰相的职权是什么。话说汉文帝"明习国家事",问右丞相周勃:"天下一岁决狱几何?"周勃说不知。文帝又问:"天下钱谷一岁出入几何?"

周勃仍答不知。文帝又问左丞相陈平。陈平答道:"陛下如问决狱,可以找廷尉;如问钱谷,可以找治粟内史。"文帝说:"这些事情都有专人负责了,你们宰相是干什么的?"陈平说:"宰相者,上佐天子理阴阳,顺四时,下遂万物之宜,外镇抚四夷诸侯,内亲附百姓,使卿大夫各得其任职也。"[①]

【酷吏政治】

1、汉武帝时代是中国历史上"酷吏治国"的一个高峰期,以致司马迁著《史记》,专门辟出《酷吏列传》,集中记述了西汉十一名酷吏的故事,其中有十名即活跃于武帝时代。汉武帝时代之所以酷吏辈出,是申韩法术在汉代的回流所致,也是汉武帝意欲利用酷吏打击豪强、惩治权贵、重新进行权力洗牌的结果。

2、酷吏之受重用,大概是因为他们够铁腕,不怕得罪人,能将上峰的权力意志不折不扣贯彻下去,替主子铲除异己。如汉武帝时代的司法部长杜周,其执法信条就是:"三尺安出哉?前主所是著为律,后主所是疏为令。当时为是,何古之法乎?"意思是说,什么法治不法治,主上的意思就是法。

3、酷吏政治的一个特点是建立严密法网,汉武帝重用酷吏,于是"奸滑巧法,转相比况,禁网寖密",国家出现立法大爆炸:"律令凡三百五十九章,大辟四百九条,千八百八十二事,死罪决事比万三千四百七十二事。"[②] 不要以为法条的数量代表了法治的程

[①] 《汉书·陈平列传》
[②] 《汉书·刑法志》

度,"律令烦多"恰恰是专制加深的表现。

4、西汉酷吏张汤受人陷害入狱,另一名酷吏减宣落井下石,张汤最后绝望自尽,后来,减宣因犯事被判灭族之刑,只好步张汤后尘,自杀。冥冥中,似乎报应不爽。当然这不是造化的报应,而是因为,申韩法术的回流与酷吏政治的推行。将官场搞成了赤裸裸的斗兽场,酷吏在率兽食人的同时,也在不知不觉中自挖坟墓。

【宋朝无"身边人乱政"】

1、宋人的国家治理思路,可以用两位士大夫的意见来概括:其一,北宋的吕公著对神宗说:"自古亡国乱家,不过亲小人、任宦官、通女谒、宠外戚等数事而已。"[①] 其二,南宋的洪咨夔跟理宗说:"臣历考往古治乱之源,权归人主,政出中书,天下未有不治。"换成我们的话来说,优良的国家治理框架,应当是君主象征主权,宰相执掌政事;而政局的败坏,都是由皇帝的"身边人"弄权而引起的。

2、两宋基本上都没有发生宦官、女谒、外戚等皇帝身边人乱政之事。偶尔也有例子,如南宋光宗朝,皇后李氏擅政,光宗"不视朝,政事多决于后,后益骄奢";李皇后擅权期间,"推恩亲属二十六人、使臣一百七十二人,下至李氏门客,亦奏补官,中兴以来未有也"[②]。光宗本人也表现得不像个皇帝的样子。结果呢?

---

① 《续资治通鉴长编》卷三百三
② 《宋史》卷二百四十三

士大夫集团实在看不下去了，以赵汝愚为首的士大夫干脆废了光宗，另立新君。

【皇帝做不得快意事】

1、宋仁宗想提拔皇后的伯父张尧佐当宣徽使，但廷议（类似于内阁部长会议）时候未能通过。过了一段时间，仁宗因为受了张皇后的枕边风，又想将这项人事动议提出来。这日临上朝，张皇后送皇上到殿门，抚着他的背说："官家，今日不要忘了宣徽使！"皇上说："得，得。"他果然下了圣旨任命张尧佐为宣徽使，却遭到包拯极力反对，"反复数百言，音吐愤激，唾溅帝面"。最后仁宗只得收回成命。回到内廷，张皇后过来拜谢，皇帝举袖拭面，埋怨她说："你只管要宣徽使、宣徽使，岂不知包拯是御史中丞乎？"①

2、宋代实行"以外统内"之制，内廷事务由外朝管辖。宋仁宗朝，有妃子因为久未升迁，多次请皇上提拔，仁宗说，爱妃，不是我不肯，是没有先例，朝廷不允许。那妃子说，你不是皇帝吗？出口为敕，谁敢违抗？仁宗说，你如不信，朕就给你下个诏试试。妃子喜谢而退。到了发工资之日，妃子掏出御批，要求增工资，掌管这事的部门说，这是违反法度的，不敢奉诏，全部退回。众妃子找皇帝投诉去，当着皇帝的面将御批撕个粉碎，说："原来使不得！"仁宗没说什么，笑着让妃子回宫。②

---

① 宋·朱弁《曲洧旧闻》
② 宋·周辉《清波杂志》

3、宋神宗时，有一次因陕西用兵失利，皇帝批示要将某漕官斩了。次日临朝，神宗问宰相蔡确："昨日批出斩某人，已执行否？"蔡确说："祖宗以来，未尝杀士人，臣认为陛下不可破例。"神宗沉吟久之，又说："那就将他刺面，配远恶处吧。"这时门下侍郎章惇说："如果这样，那还不如将他杀了。"神宗说："何故？"章惇说："士可杀不可辱。"神宗声色俱厉说："快意事更做不得一件！"章惇说："如此快意事，不做得也好！"①

4、宋高宗在为父皇徽宗服丧期间，所坐御椅是用尚未上漆的木头做的。有一回，有人入觐，见到这张龙椅，好奇地问："这是不是檀香做的椅子？"一名姓张的妃子掩口笑道："宫禁中，妃子、宫女用的胭脂、皂荚多了，宰相都要过问，哪里敢用檀香做椅子？"其时当宰相的是赵鼎、张浚②。宋代外朝士大夫对皇室内廷的管理之严，由此可见一斑。

5、宋孝宗是个围棋爱好者，内廷中供养着一名叫做赵鄂的国手，一次，赵鄂自恃得宠，向皇帝跑官要官，孝宗说："降旨不妨，恐外廷不肯放行。"大概孝宗不忍心拒绝老棋友的请托，又给赵鄂出了个主意："卿与外廷官员有相识否？"赵鄂说："葛中书是臣之恩家，我找他说说看。"赵鄂前往拜见葛中书，但葛中书不客气地说："技术官向无奏荐之理。纵降旨来，定当缴了。"赵鄂又跑去向孝宗诉苦："臣去见了葛中书，他坚执不从。"孝宗也不敢私自给他封官，只好安慰这位老棋友："秀才难与他说话，莫要引他。"③

---

① 高文虎《蓼花洲闲录》
② 宋·陆游《老学庵笔记》
③ 宋·张端义《贵耳集》

6、宋代的皇帝大都比较守法度,"快意事更做不得一件",这并不是因为宋朝每一任皇帝都是明君、贤君,而是因为宋代的君权受到制度性与结构性的约束。制度性约束包括祖宗法、国是、条贯等;结构性的约束则是指宋代出现了一个庞大的士大夫集团,他们有着与天子"共治天下"的政治自觉,而且这一政治自觉经过一代代积累,成为士大夫的传统,内化为王朝的政治逻辑。皇室焉能不受它约束?

7、宋仁宗有段自白,从中可以看出宋代君权所受之制约、君主想专制之难。仁宗说:"老有人说朕不够专断,不是朕不想决断,是因为国家有宪章在那里,如果朕发出的政令不合宪章,便成过失。因此诏令必经大臣议论而行,台谏官若不同意,还要追改诏书。你以为朕专制得了吗?(屡有人言朕少断,非不欲处分,盖缘国家动有祖宗故事,苟或出令,未合宪度,便成过失。以此须经大臣议论而行,台谏官见有未便,但言来,不惮追改也。)"[①]

【宋代拆迁轶事】

1、南宋大诗人陆游之子陆子遹,曾任溧阳县令,征了福贤乡6 000亩田献给当朝权贵史弥远。史弥远给出的拆迁补偿是一亩10千文。但陆子遹雁过拔毛,以每亩5千文的低价,强迫田主交出田契。众人不服,上访。陆子遹带着警察,一面截访,一面烧掉访民的房屋,访民被拿获后关入学习班,灌以尿粪,逼写献契,而陆子遹一毛钱都不给他们。真是虎父犬子。

---

① 宋·朱熹《三朝名臣言行录》

2、倒是宋代的皇帝大都能体恤民人，不搞野蛮拆迁。这里说一桩事：北宋雍熙二年，太宗欲扩建宫城，便下诏让殿前都指挥使刘延翰等人去规划一下。不久刘延翰将规划图纸呈上来，太宗一看，若按这般规划，要动拆好多人户。他说，"内城褊隘，固然需要扩建。但要拆动人居，朕又不忍"。所以下诏撤销了扩建宫城的计划，只是让几个政府办公室搬出内城而已。[①]

3、北宋末的崇宁五年，宋徽宗下了一道诏书，要求缮修王府不得毁撤私舍。徽宗说，"京师居民繁伙，居者栉比，无地可容。深虑移徙居民，毁撤私舍，久安之众，遽弃旧业，或至失所。将来缮修诸王外第与帝姬下嫁,并不得起移居民"。[②] 在我们印象中，宋徽宗是一名亡国的无道昏君，但即使是昏君，也不搞暴力拆迁。

4、南宋的高宗，即那个伙同秦桧杀了岳飞的皇帝，也被我们认定为一名昏君。他也有不搞野蛮拆迁的记录。绍兴元年，宰相报告说，临安府想拆掉近城僧舍、建造行宫。宋高宗制止了这个拆迁方案，他说："僧家缘化，营葺不易，遽尔毁拆，虑致怨嗟。但给官钱随宜修盖，能蔽风雨足矣。"[③] 你可以认为他惺惺作态，但这样的惺惺作态又有何妨呢？

5、中国历史上第一个"拆迁补偿条例"大概出现在北宋神宗朝，是当时开封府的推官祖无颇所制订。按这个补偿方案，被拆迁的开封居民可获得实物安置或者货币补偿。实物安置是由一

---

① 《宋会要辑稿》
② 《宋会要辑稿》
③ 《宋会要辑稿》

个叫做"将作监"的机构,在他处另建同等面积的住房;货币补偿则是由一个叫做"提举京城所"的机构,按照房契的原价与时价折中计算出补偿价。

6、北宋元丰六年(1083年),开封府搞了一次拆迁,涉及"百姓税地并舍屋共一百三十户",政府共支付了"二万二千六百余缗"补偿款。① 算下来,一户大概得到一百七十贯钱。按当时制钱对大米的购买力折算,一百七十贯钱约等于今日80万元人民币;如以北宋时的房价评估,一百七十贯也不算低了,庆历五年(1045年)苏舜钦在苏州买下一座废园(即后来的沧浪亭),也才花了四十贯。

【王安石的"三不足"】

1、北宋神宗朝,王安石力主变法,跟皇帝说:"天变不足畏,祖宗不足法,人言不足恤。"今人多认为此言体现了改革家不畏艰难险阻、勇往直前的决心与精神。可是,对于一名大权在握的大臣、对于皇帝来说,如果"天变不足畏,祖宗不足法,人言不足恤",则意味着一种远比"不变法"更可怕的后果:权力将不受约束无限扩张。

2、因为,自董仲舒"屈君伸天"之后,"天变"正是防止君主妄为的紧箍咒,"祖宗"(传统、先例)与"人言"(民意、舆论)也对皇权构成必要的限制,又岂可不足畏、不足法、不足恤?蒋庆先生曾归纳出儒家政治的三重合法性:超越神圣的合法性、历

---

① 《宋会要辑稿》

史传统的合法性、人心民意的合法性，王氏的"三不足"论，恰恰是对这"三重合法性"的挑战：用"天变不足畏"挑战天道，用"祖宗不足法"挑战传统，用"人言不足恤"挑战民意。

【宋朝官民逸事】

1、宋仁宗朝，有个叫做宋祁的大官一次到开封郊外"视察工作"，看到农夫繁忙，丰收可期，心中激动，便问一位老农："今年看来收成不错啊，你觉得应该感谢上天呢，还是应感谢皇上？"谁知被老农抢白了一顿："我四时劳作，今日之收获，是我所应得的，哪里是上天的功劳？我按时纳税，官府不能夺走我的剩余，今日之所得，是我所应享受的，为什么要感谢皇上？"说完，老农扬长而去。宋祁虽是大官，却不能拿他怎么样，只好回到家里，写了一篇《录田父语》，记录这件事。

2、南宋初年，有个叫做庄绰的官员路过江西赣州，想起要添置些日用物品，便叫吏卒到附近店铺购买。不久吏卒两手空空跑回来，庄绰问怎么买不到东西。吏卒说，店家不肯卖。为何？原来吏卒带去的制钱是宋徽宗时所铸造的，如今北宋灭亡，赣州的百姓对这名亡国之君非常不满。看到吏卒用徽宗制钱，便不客气地说："这是上皇无道钱，此中不使！"直接痛骂当今圣上的老爸宋徽宗是无道昏君[1]。庄绰似乎也无可奈何。

3、宋真宗朝，王旦为宰相，他算是一代贤相了，但贤相也

---

[1] 宋·庄绰《鸡肋编》

有人不满他。这一年大旱，王旦下朝回府，在半路上被一个号称"王行者"的狂生堵住了。狂生指着王旦的鼻子大呼："百姓困旱焦劳极矣！相公端受重禄，心得安邪？"说着，还将手中经书掷过去，正中宰相大人头部。左右将狂生擒下，准备送开封府发落，王旦急忙说："言中吾过，彼何罪哉？"便将那名狂生释放了[①]。宋人风骨，真叫人浮想联翩。

【皇帝贿赂大臣】

1、皇帝似乎至高无上，但有时候，皇帝却要贿赂大臣。话说宋真宗意欲到泰山封禅，又担心宰相王旦阻挠，便"召旦饮，欢甚，赐以尊酒，曰：'此酒极佳，归与妻孥共之'"。王旦将酒坛子带回家，打开一看，里面装的都是珍珠。宋真宗的这次行贿，收到了效果，王旦对封禅一事，"不复异议"[②]。

2、明代的皇帝也贿赂过大臣。土木堡之变，英宗被瓦剌掳走，代宗即位。代宗欲废了太子（英宗之子朱见深），立自己的儿子朱见济为皇太子，又担心阁臣不同意，拒绝拟旨，所以只好给内阁大学士陈循、高谷等人送上"白金百两"。这次行贿，也收到了效果：陈循等大臣"遂以太子为可易"[③]。

3、另一个明代皇帝世宗也曾向大臣行贿过。话说武宗无嗣，世宗由藩邸入承大统，欲尊自己生父兴献王为皇考（这里涉及到

---

① 宋·叶梦得《避暑录话》
② 《宋史·王旦列传》
③ 《明史纪事本末·南宫复辟》

一套非常复杂的宗法关系),武宗旧臣纷纷反对,以礼部尚书毛澄反对最力。皇帝只好派了个太监到毛府,"长跪稽首",又送上黄金,请求毛澄改变主意。毛澄不愿违背自己原则,便上疏乞归①。

4、讲了这么几个皇帝贿赂大臣的轶事,想说明什么呢?证明官场腐败吗?不是的,王旦、陈循、高谷、毛澄都算为官清正。皇帝贿赂他们,无非揭示了一个事实:即使贵为九五之尊,也不是拥有无限权力的,皇帝也要受礼法约束,而礼法的解释权则掌握在儒臣手里,皇帝不能硬来,硬来就丧失了合法性,所以需要放低姿态去收买儒臣。

【骂皇帝】

1、说到骂皇帝,许多人一定会想到明朝的海瑞。那是嘉靖四十五年(1566年),时任户部主事(相当于民政部的处长)的海瑞抱着必死之心,自备了一口棺材,上疏骂皇帝,说"盖天下之人不直陛下久矣!"②有论者认为,臣下敢如此猛烈责备皇上的,海瑞是第一人。其实不是,当面骂皇帝骂得比海瑞疏更凶的还有。不过那是宋朝的士大夫。

2、南宋时,枢密副都承旨王伯大斥骂理宗皇帝:"陛下亲政,五年于兹,盛德大业未能著见于天下,而招天下之谤议者何其籍籍而未已也?议逸欲之害德,则天下将以陛下为商纣、周幽之人

---

① 《明史·毛澄列传》
② 《明史·海瑞列传》

主！"① 请注意，这是王伯大在"进对"时说的，即面对面骂起了皇帝。理宗居然也不敢拿他怎样。海瑞骂皇帝倒是进了监狱，若不是嘉靖适时死了，说不定还会丢了脑袋。

【祖宗法之效力】

1、相传宋太祖曾勒石立誓："不得杀士大夫及上书言事人，子孙有渝此誓者，天必殛之！"② 无独有偶，明太祖也曾铸一铁牌，上书禁令："内臣不得干预政事，犯者斩！"③ 这是宋明的祖宗法。但这两套祖宗法的施行效果却大不相同，宋代皇帝基本上做到了不杀士大夫，而明代，宦官乱政则成了奇观。这是何故？

2、我们可以举出多种原因，比如皇帝的素质、政治的氛围、治理的惯性，等等。但我认为最关键的原因是宋明不同的权力结构。宋朝的权力结构与运作，可概括为"君主与士大夫共治天下"，皇帝即使想杀士大夫，也必为廷臣所阻挠。而明代废宰相，立内阁，内阁只有"票拟"之权，独裁的皇权与内阁之间靠太监联结，太监不擅权才怪。

【伶人问政】

1、宋代的伶人颇有士大夫之风，常在演出时讽谏时政、讽刺官员，宰相更是伶人重点嘲谑的对象。王安石当政时，厉行变

---

① 《宋史·王伯大列传》
② 南宋笔记《避暑漫抄》
③ 明·徐三重《采芹录》

法,反对他的大臣多被黜降。有一个叫做丁仙现的伶人偏不买王宰相的账,屡屡在戏场中嘲诨王安石。王氏"不堪,然无如之何也,因遂发怒,必欲斩之",但最终还是杀不成,因为宋神宗暗中叫人保护了丁仙现。所以当时有谚说,"台官不如伶官"[1]。

2、到了清代,伶人问政则成为了大忌。雍正朝时,内廷戏班演了一出《郑儋打子》之剧,伶人们演得很是卖力,"曲伎俱佳",获皇帝赏赐酒食。席间,有一名伶人无意问及当今常州长官是谁(因戏中郑儋为常州刺史),雍正立即变脸,勃然大怒说:"你乃优伶贱辈,胆敢擅问官守?其风实不可长!"竟命人将那倒霉的优伶拉下去,活活杖死。[2]

【怯薛与达鲁花赤】

元代的政制比较特别。如果从字面上理解,我们会以为中书省、枢密院是元朝的权力中枢。其实不对,"怯薛"才是最高权力中枢。这是元朝的内朝系统、权力核心,非亲贵不能进入怯薛体系。怯薛原本是大汗的亲兵组织,但由于能进入怯薛系统的都是最高领袖的亲信、家奴,深得皇帝的信任,得以参预朝政、影响决策,于是怯薛成为了隐形的权力核心。在地方,元代的府有知府、州有知州、县有知县,他们看起来似乎是不同层级的地方行政首长,其实也不是,元朝在府、州、县均设有"达鲁花赤",意为镇守者,由亲信充任,有的怯薛成员也会被派到地方当达鲁花赤。达鲁花赤才是真实的地方一把手。

[1] 宋·蔡絛《铁围山丛谈》
[2] 清·昭梿《啸亭杂录》

【两个明皇帝】

1、明朝的正德帝是个很有趣的皇帝。有一次,朝廷为太皇太后举行葬礼,正德看到地上满是泥水,便令群臣不用磕头了。因为没有机会在泥水中磕拜,翰林院修撰舒芬写了一封奏折和皇帝辩论孝道。你要说舒芬贱格,他可是敢与皇帝争辩;但若说他有骨气,他争的却是磕头的表现。看来,从"奴性"角度解释历史,会陷入悖论。

2、明代的皇帝中出了不少奇葩,除了正德帝,万历帝也算是很有特色的一个。他几十年不视朝,不跟大臣见面,不理朝政,连中央与地方缺员也不予补官,中央政务差不多陷于停滞。但令人惊奇的是,晚明的统治系统居然没有崩盘。看来有时候,即使尊奉一条狗来做皇帝,对小老百姓过日子还是没啥影响的。

【锦衣卫】

明朝的秘密警察系统之发达,远迈前朝,锦衣卫、东厂、西厂、内厂,耳目爪牙遍布朝野,臣民活在老大哥监视之下。明亡后,有遗民提出"明不亡于流寇而亡于厂卫"。也有人认为明亡,乃是因为崇祯朝厂卫权势削弱——这才是洞见,秘密警察统治已成为明朝维稳的路径依赖,厂卫势弱,局势即失控,于是离崩溃不远了。

【皇帝爱找儒家的茬】

明清的专制帝王特别喜欢找前代儒家的茬。因为孟子说"君之视臣为草芥,则臣视君如寇仇",朱元璋大发脾气:"使此老在今日,宁得免耶!"[1] 欧阳修为"朋党"正名,雍正杀气腾腾说:"设修在今日而为此论,朕必斥之以正其惑世之罪。"[2] 北宋程颐提出"天下治乱系宰相",乾隆看了就特别不爽,御笔写了一篇批判书,说"为宰相者,居然以天下之治乱为己任,而目无其君,此尤大不可也"。[3]

【明清专制程度比较】

1、明代皇帝,从朱元璋开始,对士大夫表现出极大的不尊重,廷臣被打屁股是常有的事情(有意思的是,明代士大夫冒死进谏的劲头非常强大)。清代打大臣屁股的事情少干了,但大臣在人格上更矮化,满臣自称奴才,汉臣则连称奴才的资格也没有。明朝在肉体上羞辱士臣更厉害一些,清朝在精神上奴役士臣更高明一些。

2、明代废宰相,设内阁,内阁只不过是皇帝的文秘与顾问班子,无决策、行政权,六部直属于皇帝,旧制中"权归人主,政出中书"的分权结构不复存在。清代闲置内阁,尊其位削其权,另设军机处,军机处的性质还是皇帝的文秘与顾问班子,人主乾

---

[1] 清·全祖望《鲒琦亭集》
[2] 清世宗《世宗宪皇帝御制文集》
[3] 《清高宗实录》卷一一二九

纲独断。在中枢权力设计上，明清专制程度半斤八两。

3、明代的皇位继承，需遵循礼法，朱棣夺侄儿皇位，命方孝孺草拟诏书，孝孺拒不草诏。朱棣认为他当皇帝是"朕家事耳"，但这一"家天下"的论调，明儒是不予承认的。清代皇帝却发明了"秘密建储制"，究其实质，这是将"国本"当成了皇室的私器，从此皇位的继承既不受礼法约束，也不容士大夫置喙，全凭在位的帝王说了算，他说传给谁就给谁。

4、明代尽管皇权高度集中，毕竟还保留了若干具有约束皇权性质的制度，如六科给事中尚有"科参"之权，即皇帝诏书必下六科，给事中如果持反对意见，可以驳回；清代虽设给事中，但对朝廷诏旨已无权封驳。又如，明代尚有"廷推"之制，即高级官员的任用，须由吏部尚书会同其他大臣，经过协商提出若干候选人，提请皇帝择用；而清代的用人大权，则全归皇帝。

5、明代之前，虽也有皇帝安排耳目刺探官僚隐情的特务动作，但明代则将特务作为一项制度固定下来，设锦衣卫、东厂、西厂、内厂，为皇帝的耳目与爪牙，臣民稍有异动，即被厂卫获悉、擒拿。特务政治的黑暗程度远超前朝。清代设立密折制，给予一定品秩以上的官员相互告密的特权，比明代的厂卫制度少了血腥，权术略高明。

【明内阁】

明代废宰相立内阁。"内阁"这个词很容易让人联想到现代内阁制,不少人来我微博赞美明代内阁制,"明废丞相形成了一套完整的内阁负责制体系,在权力平衡方面几欲完善,初具君主立宪雏形"云云。明代内阁没这么神,跟之前的宰相制相比,更是一大倒退。当然到了明朝中后叶,内阁的确对皇权形成了一定制约。

【崇祯就是亡国之君】

崇祯皇帝很勤政,但他实在不是什么好皇帝,勤政也不是什么好皇帝的标准。他杀袁崇焕,自毁长城;杀魏忠贤后又宠任宦官;加派捐税以致民不聊生。当时明王朝的整个政治系统都快溃坏了,崇祯加速了它的崩溃。可叹他在城破自杀之时,还是固执地认为"朕非亡国之君,诸臣皆亡国之臣"[①]。其实他就是亡国之君,一名勤劳的亡国之君。

【清宫轶闻】

1、清代总体上没有宦官夺权乱政之祸,但晚清也出了两个有名的太监,一个叫做安得海,飞扬跋扈,自恃得宠,连自己姓什么都忘记了,结果被丁宝桢诛杀于山东。另一个太监便是李莲

---

① 清·龚炜《巢林笔谈续编》

英,他恃宠弄权的手段比安得海高明得多了:在外官面前,他"善伺太后意旨,假喜怒以作恩威";在太后面前,则"谓己系贱役,不敢与闻军国大事"。当时攀附他的人很多,李莲英"但婪财而不猎高官",分寸把握得不错。①

2、光绪末年,慈禧去世,李莲英自知他的后台、保护伞、隐权力基石已然倒塌,不敢再在深宫中呆下去。他将历年所敛财物,装了七大捧盒,献给光绪的遗孀隆裕太后:"奴才现已年老体衰,乞求离开宫廷,这些宝物,奉还给主子。"退居闲散的李莲英最后得以善终。时人说他"罪浮于安得海,而结果大异"②。

3、很多人都知道慈禧太后这个晚清最有权势的女人,但未必有很多人知道她的尊号很长很多:"慈禧"、"端佑"、"康颐"、"昭豫"、"庄诚"、"寿恭"、"钦献"、"崇熙皇太后"。别以为这是老太婆的裹脚布又臭又长,据说老佛爷每接受两个字尊号,国库就要每年增拨二十万两白银,作为太后的个人津贴。可谓一字十万金。

4、清代最大的官商可能是乾隆朝的大贪官和珅和大人,他后来被抄家时,被查出投资于商业的白银就有七千零二十万两,计开当铺七十五座,银号四十二座,古玩铺十三座。七千零二十万两白银是个什么概念,我们保守地折算成人民币,至少也有一百多个亿。和大人太得意忘形了,他应该办一张大英帝国的"绿卡"之类。

---

① 晚清笔记《光宣小史》、《十叶野闻》
② 晚清笔记《奴才小传》

【皇帝与鸡蛋】

1、据说"光绪每日必食鸡子四枚",即每天吃四个鸡蛋。一直以来,光绪以为鸡蛋是人间昂贵的奢侈品。一日,光绪手拿一枚鸡蛋,问他的老师翁同龢:"此种贵物,翁师傅可曾吃过?"翁同龢不敢说实话:"老臣只在遇到祭祀大典时,才偶尔吃一次,否则不敢食也。"光绪吃到的鸡蛋究竟有多贵?御膳房开出的价目是四枚鸡蛋三十四两银。①

2、鸡蛋似乎就是生来让大清皇帝出丑的。乾隆在召见大学士汪由敦时也曾问道:"卿家曾吃点心否?"汪由敦答:"臣家贫,晨餐不过鸡蛋四枚而已。"乾隆愕然问:"鸡蛋一枚要十两银,四枚要四十两。朕尚不敢如此纵欲,卿家怎么还说家贫?"汪由敦慌忙以"诡词"搪塞过去:"外间所售鸡蛋,都是残破的坏蛋,所以臣才能以贱价买之。"②

3、乾隆的孙子道光皇帝也问过鸡蛋价格的问题,问的是军机大臣曹文正:"卿家平日吃鸡蛋,需要多少银子啊?"曹文正当时扯了个谎:"臣自小患有气病,生平未尝吃过鸡蛋,故不知其价。"③ 那些被问的大臣不是傻子,不会不知道鸡蛋的真实价钱,但是鸡蛋价钱的问题牵涉到以内务府为核心的权力网络与利益集团,大臣可不敢碰它。

---

① 清·李伯元《南亭笔记》
② 清·徐珂《清稗类钞》
③ 清·徐珂《清稗类钞》

【双核心】

晚清那个"百日维新"一败涂地,固然与光绪皇帝的急躁、康有为等一干书生的乱来有关,还应考虑到当时清政府的权力结构是畸形的:光绪亲政了,慈禧名义上已结束"垂帘听政",然而,她在后宫仍然掌握着太上皇一般的隐权力,帝国的中枢于是形成一明一暗的双核心结构。这样的权力结构,在变革的骨节眼上,往往是成事不足败事有余。

【双系统】

晚清的湘军大营中,兵丁与军官加入哥老会者甚多。军营是一套等级系统,帮会是一套等级系统,于是军营出现一种奇特现象:有的兵丁是哥老会头目,军官反而是帮中一般哥弟,白天,按军营组织体系,兵丁要跪拜军官,而到夜晚,则按帮会组织原则,一些营官反而要跪拜作为帮中头目的兵丁。在必须建立绝对的命令—服从体系的部队,居然存在着两套权力体系,这也为日后朝廷对新军的失控局面埋下了伏笔。

【禁戏】

乾隆是一个热爱戏曲的皇帝,又非常热衷于禁戏、限戏,在他亲自指挥下,大约禁了三百出戏,几部戏曲史上著名的爱情戏目,如《长生殿》《桃花扇》《西厢记》《牡丹亭》都在禁戏之列,因为这些戏中"眉来眼去之状,已足使少年人荡魂失魄,暗动春心,是诲淫之最甚者",所以必须限制、禁绝。① 是的,大清政府以做好老百姓的"精神保姆"为己任,禁戏有着良苦用心:防止愚昧的老百姓被不健康的娱乐节目毒害了。

【皇帝子嗣】

清代以康乾称"盛世",有趣的是,康熙、雍正、乾隆等"盛世"皇帝的生育力也十分旺盛,儿子数量都达到两位数。到了晚清风雨飘摇之世,皇帝子嗣也越来越凋零,咸丰只有一个儿子,同治、光绪与末代皇帝宣统,都是连一个儿子也没有。莫非帝国的兴衰与皇帝的生育力也成正比?

【左宗棠打城隍】

1、晚清大吏左宗棠驻军甘肃时,见甘肃这地方多狼,咬食人畜,祸害百姓,便下令军队围猎。然而,终日打不到一头狼。有位军官献言:"传说狼之为物,冥冥中有神管辖,故非人力所能驱除。"意思是提醒左宗棠请求神助。但左宗棠非常彪悍,听后大怒:这神究竟是怎么当的?竟传令将驻地的城隍神塑像绑上绳索、押来大营,褫去它的冠冕袍笏,重责四十军棍,枷于营门外②。

---

① 清·余治《得一录》
② 清·徐珂《清稗类钞》

2、受责的城隍是不是会痛改前非，协助左宗棠歼灭恶狼，这并不重要，重要的是，左宗棠这"四十军棍"，打出了国家权力之威：即使贵为冥界地方首长的城隍，享用万家香火，如果不自觉地正确站队，也是严惩不贷。国家权力最终将制服不识趣的神灵。我不想赞叹左宗棠的彪悍，只想表达我的惋惜：千百年来，我们的祖先曾经创造了一个复杂、完备的神灵谱系，却始终未能发展出一套与俗世政治平行的神权系统。这恐怕正是社会弱于国家政权的主要原因之一。

【腐败的功能】

1、清代有个叫做李赓芸的官员，因为性子梗直、为官清正，所以有胆气去顶撞上司。一次他受到诬陷，被上司当成贪污犯请去"喝咖啡"，结果在看守所上吊死了。李赓芸自身清白，可以不鸟上司（却付出了被诬陷的代价），如果是个贪官，把柄捏在上司手里，当然对上级总是毕恭毕敬的。这就是腐败的功能——有利于权力上端实现对权力下端的控制。

2、晚清又有一个叫做张集馨的官员，在他的自撰年谱《道咸宦海见闻录》上提到：一些州县长官会将上司索赔的凭证保留下来，一旦自己被请去"喝咖啡"，就拿着这些凭据具控。上司受制于此，对下属的胡作非为也就睁一只眼闭一只眼。这是腐败的另一个功能——改变等级制内的权力流量，下属也能掣肘上司。

3、张集馨担任陕西督粮道时，陕西巡抚是大名鼎鼎的林则徐。根据张集馨的记录，林则徐每年都接受张氏五千二百两礼金，但我实在不好意思说林则徐受贿贪赃，因为林则徐的清廉是史有明载的。只能说，在当时的官场情景中，人情往来是维持权力所必须支付的成本。林则徐也需要收受下属的礼金，然后用来给上司送礼。

【清末谶言】

1、同治六年六月（1867年7月），曾国藩与他的幕僚赵烈文有过一场对话，赵烈文对曾国藩说，"天下治安一统久矣，势必驯至分剖。然主威素重，风气未开，若非抽心一烂，则土崩瓦解之局不成。以烈度之，异日之祸，必先根本颠仆，而后方州无主，人自为政，殆不出五十年矣"。[①] 他预言，不出五十年，大清天下就会出现根本颠仆、割据分裂的局面。果然，过了四十多年，武昌革命爆发，各省纷纷宣布独立，清室倾覆之后又是军阀混战。

2、有一年，某巡抚入京陛见，路过天津，北洋大臣李鸿章设宴招待。席间谈及边事，某巡抚问："北洋战兵可得几何？"李鸿章笑曰："苟延之局，何必认真？"某巡抚作色说："中堂大人何得此言？"李鸿章举酒笑曰："失言，失言！罚酒一盅。"[②] 李鸿章晚年又以"糊裱匠"自嘲："如一间破屋，由裱糊匠东补西贴，居然成一净室，……自然真相破露，不可收拾，但裱糊匠又何术能负其责？"[③]，在他心目，大清国已如摇摇欲坠的"一间破屋"。

---

① 清·赵烈文《能静居日记》
② 清·胡思敬《国闻备乘》
③ 近人·吴永《庚子西狩丛谈》

3、恭亲王可以说是晚清最有见识的满族亲贵,"同光中兴"就是在他主政下出现的。他与嫂子慈禧之间,先有合作,后有龃龉。光绪二十四年(1898年),六十六岁的恭亲王病逝,临终前叹息道:"我大清宗社,乃亡于方家园。"① "方家园"暗指慈禧,因为慈禧的娘家住于方家园。这一年,恰值慈禧发动戊戌政变,粉碎了"百日维新",开始她人生中的第三次垂帘听政。

4、光绪末年,云南学政叶尔恺在致友人汪康年的书信中说,"弟尝谓作官者非良心丧失,人格堕落,不能为也。纵观中外情形,敢断言中国不亡,必无天理"。② 叶尔恺并不是反清的革命党,相反,他在云南当官时,还时常监视革命党的动向,向云贵总督汇报,可见他是不希望大清灭亡的。然而,清末官场之腐败、吏治之溃败,又让这位体制内的官员意识到大清王朝已经丧尽合法性,不亡无天理。

5、宣统元年(1909年)八月廿一日夜,晚清重臣张之洞病寝,摄政王载沣前来探望,安慰张之洞说,"中堂公忠体国,有名望,好好保养"。张之洞向载沣谏议曰:"不可以一人之见而反舆情,舆情不属,必激变。"载沣说:"不怕。有兵在。"载沣离开后,张之洞对他的亲信陈宝琛说:"国运尽矣!"③ 两年后,大清国运果终,而发难的恰恰就是湖北新军,而湖北新军,又恰恰正是张之洞训练出来的。仿佛冥冥之中,自有定数。

---

① 清·王照《方家园杂咏记事》
② 《汪康年师友书札》,上海古籍出版社,1987年。
③ 《张文襄公年谱》

【施剑翘】

1、民国时，山东出了一位伍子胥式的孤胆英雄，而且还是一名女子，她叫施剑翘。施剑翘之父被军阀孙传芳残忍地杀掉，还悬首暴尸三天三夜。在那个兵荒马乱之世，上帝与法律隐匿不见了，仇人又是大军阀，看来他真的要逃过报应了。但施剑翘隐忍十年，终于在1935年11月13日，趁孙传芳前往天津居士林进香之时，用一支勃朗宁手枪将这个杀父仇人击毙。

2、施剑翘艰苦卓绝的复仇故事，是那些身在高位、自恃权势与强力制造仇恨之人的噩梦。他们自以为大权在撑，枪在手，即使做了恶事杀了人，谁又能拿他们怎么样？但天地偏偏生出了施剑翘这等人物，当人世间的法律不能伸张正义、制裁仇人时，她以旁人难以想象的决心，自己执法完成报应。

【袁世凯复辟】

和梁任公一样，我认为在20世纪初叶，最合宜的政体是"君主立宪"，但这决不意味着我认同袁世凯的复辟。袁氏称帝很蠢：第一、君主的合法性来自漫长的时间积累，袁世凯不具备；第二、清室逊位，共和已成为新政权之合法性基础，袁世凯称帝，等于是自废法统；第三、共和革命后，共和是当时知识精英与实力派的政治正确，袁世凯自毁共识、自造敌人。所以对袁世凯复辟之失败，是不用感到任何意外的。

第六辑
如何对待我们的传统

在对中国历史走势作出一个粗线条的勾勒,并且从"思想观念"、"社会发育"、"经济生活"与"政治细节"四个侧面进行观察之后,我想说,我们的传统并非完全是专制的基因,恰恰相反,我们的传统中富含反专制的渊源、追求自由的渊源,不仅表现在社会自治的发育与自由经济的发展上,也表现在思想认知与政治实践中。

视中国历史为专制史,视中国传统为专制的传统,乃是出于根深蒂固的偏见,也是对自由秩序演进的无知。在一个斩断历史、铲除了传统的废墟上,不可能像"一张白纸好绘画"那样构建出一个全新的公民社会、现代化国家。事实上,这个世界上,迄今为止,还没有一个国家的现代化是在割断传统的"白纸"上全新构建出来的。所以,当我说到"自由"、"社会"、"限政"时,我使用的动词通常都是:恢复、重建、复活、再造……因为,我希望有更多的人相信,自由、社会、限政思想与制度安排,存在于我们自发形成之传统中;且未来之自由、社会与优良治理秩序,只能从传统中生发出来。

这就是我的史观,也是我秉持的对于传统的态度。

【"限政"的记忆】

如果要列举历史上促进"限政制度"一步一步被诱导出来的要素，下面这些将是不可否认的：判例法；封建制；贵族制对君主权力的制衡；神权（教权）跟世俗权力的分立；社会的成长与壮大……而这些诱导"限政制度"的关键因素，如前面各辑所述，在中国先秦社会已经发育出来，在秦后社会则为儒家部分地恢复，并加以拓展。传统中一直保存着优良治理秩序的记忆。

【自由的传统】

1、描述我们的传统，需要先确立一个逻辑起点——基于人的自由天性，任何一个民族的人，都是向往自由、追求自由的，因而，任何一个"郁郁乎文"的民族，在漫长的历史演进过程中所积累的经验、习俗、规则、秩序，必然是有利于自由的，至少比任何自命不凡的僭主设计出来的崭新制度体系更适合自由生活。传统，是我们的自由之根。

2、因为传统是自发演进的，由时间积累而成的，因而，传统必定是合乎人之常情常理，适合人之日常生活的（否则，它必然在漫长的演进过程中被抛弃或修正），也因而，传统必定是保有自由的，只是"百姓日用而不知"而已。而合宜、优良的治理秩序，必定建立在尊重与遵循这样的传统的基础之上，而不是与传统为敌。

3、我不否认中国有漫长的专制史,但即使如此,传统中还是有丰富的自由因子,保留在古典的政治学说、治理实践、社会结构、风俗习惯上。传统社会也未必能自发地生成西式自由政体,但即使如此,传统仍不是自由秩序的敌人,而是自由秩序的根基。没有一个国家或地区,它的自由政制是在割断传统、扫荡传统之后"万丈高楼平地起"的。

4、中国传统中的限政因子,择其要者而言之:一、政治伦理:"从道不从君"①;二、政治结构:"屈民而伸君,屈君而伸天"②;三、权力结构:"权归人主,政出中书"③;四、政教关系:"沙门不敬王者"④、政社关系:"皇权不下县"⑤;六、社会结构:"商各有行,行各有规"(清代广州的工商行业运行特点),会馆、街团、行会等小共同体分享自治权力。

【儒家与限政】

1、以前说,"天不生仲尼,万古如长夜"⑥,你可以认为这很夸张。但二千年秦制,若无儒家,那确实暗如长夜。秦制主张"皆决于上",幸有儒家的"与士大夫共治天下";秦制尚术势,幸有儒家的德性政治;秦制要"利出一孔",幸有儒家力主"不与民

---

① 《荀子·臣道》
② 汉·董仲舒《春秋繁露》
③ 《续资治通鉴》卷一六七
④ 东晋·慧远《沙门不敬王者论》
⑤ 学者概括的传统社会治理特点,参见秦晖《传统十论》,复旦大学出版社,2003年。
⑥ 宋·唐庚《唐子西文录》

争利";秦制欲"毁家立国",幸有儒家发展出一个"私民社会"。

2、儒家的"限政"思想包括:(1)政权观:公天下。"天下非一姓之私也"①。(2)治理观:①虚君,"帝舜左禹而右皋陶,不下席而天下治"②;②共治,"天下事当与天下共之"③。三、权力观:①反绝对君权。"君有大过则谏,反复之而不听,则易位"④;②反专制。"人君之于天下,不能以独治也"⑤。儒家的这些主张,也有一部分转化为政制,如共治,体现在治理框架上就是"政归中书"之制,在宋代已非常成熟。明末的儒家还发展出虚君立宪的思想,"预定奕世之规,置天子于有无之处"⑥。

3、反传统者爱诟病儒家传统没有"平等"、"民主"思想与"个人主义",所以认定儒家与"限制"势同水火。我不否认平等、民主与个人主义的价值,但反传统者却不知道,古典自由政治的产生跟平等、民主、个人主义并没有多么大的关系,倒是"不平等"、"不民主"的贵族制、普通法传统与"不个人主义"的发达的小共同体,共同奠定了古典自由政治的根基。

4、研究儒家优良治理秩序的学者秋风先生说:"英格兰普通法才是现代宪政之本";而儒家的礼俗之治跟英格兰普通法恰恰非常接近。哈耶克的亲传弟子周德伟先生也认为:儒家的礼俗"以

---

① 明·王夫之《读通鉴论·叙论》
② 《孔子家语》
③ 《宋史·刘黻传》
④ 《孟子·万章》
⑤ 明·顾炎武《日知录》卷六《爱百姓故刑罚中》
⑥ 明·王夫之《读通鉴论》卷十三

现代术语表示之,近于英国之判例法"[①]。从英格兰普通法传统的角度来看待儒家政治渊源,就可以将儒学与自由政制之亲缘关系、儒学对自由政制的发生与演进之支撑意义,看得一清二楚。

【为什么支持儒学复兴】

1、就国民生活而言,近代以来,个人主义、物质主义、消费主义横扫中国社会,深刻地重塑了国民的精神。再加之国家建构的道德乌托邦破灭,国民原有信仰与道德土崩瓦解,德性生活于国民如同陌路。儒学复兴,则儒家内在的君子人格追求、士绅品格追求,将有助信仰儒家的国民回归德性生活。

2、就社会治理而言,自"五四"开启"个体解放"的潘多拉盒子之后,启蒙运动固然将个人从宗族束缚中"解放"出来,但随着社会革命的变本加利,传统社会结构被破坏,原有中间阶层被消灭,个人最终以原子状态暴露于国家权力之下,成为国家机器的一颗颗螺丝钉。复兴儒学,可重建自治社会之根基,抵御国家利维坦。

3、就自由政体的生成而言,近代以来,唯理主义与建构主义涌入国门,启蒙主义闯将以为完美的国家制度可以在铲除干净传统的"白纸"上,像设计精密的机械一样设计出来。此为儒家传统社会被清盘及乌托邦狂潮趁虚而入之时代背景,后果如何?众所周知。今日当以复兴儒学为先导,复活自发秩序,为培育优

[①] 周德伟《周德伟论哈耶克》,北京大学出版社,2005年。

良治理开垦沃土。

4、就儒学与自由秩序之关系而言，儒家的主张与实践暗合了自由秩序的内在逻辑。自由秩序的结构，至少当指五个层面：一、世俗权力与神权相分离；二、国家权力与社会自治分际；三、权力系统内部分权，重点是治理权与司法权分立；四、权力的运行受到法的约束；五、权力的获得通过民主程序。除了第五点，我们可以发现儒家提倡的治理秩序，不同程度地合乎前面四点要求。

【为什么要保守传统】

1、传统不仅仅是春节贴春联、端午划龙舟、中秋赏月，不仅仅是风水、中医、武术，当然也不仅仅是"仁义礼智信"、"温良恭俭让"。传统囊括这一切，但不限于此。现在，我们需要对传统下一个更有概括力的定义——传统，乃是社会的自发秩序，乃是文明的积累，乃是构建国民认同的文化维度。我们为什么要保守传统？也应该站在这个层次上来论述。

2、当我们说要保守传统时，并不是因为我们的传统有多么完美，没有完美的传统，正如不可能有"完丑"的传统。如果说有一种事物让我们无法完全、精细地辨分好坏，但我们还是会不假思索地遵循它，那便是传统。因为作为自发秩序的传统，为社会提供了最低成本的规则与秩序，因而也给人们提供了稳定的预期。而这，是国家立法所不可能取代的。

3、社会当然不是停滞不前的，它会演进，最终建成能够最大程度上保护公民自由的现代治理秩序。但这个自由秩序不可能是"空降"的，也不可能是在摧毁掉传统的废墟上全新构建的，而是如冲积平原一样积累出来的。文明需要积累，而传统便是文明的积累，特别是儒家千百年来推动建立的礼俗秩序与传统自治组织，只需转个身便可以成为维持自由秩序的普通法体系与公民组织。因而，在一个尊重传统的社会，自由秩序的建立有如水到渠成。

4、进而言之，通过对历史的考察，我们会发现传统正是极权的天敌。因为传统是积累生成的，在长时段的演化过程中，它必然是趋于合宜的。而极权是构建的，正如相对于周制的礼俗之治，迅猛降临的秦制必定是法家以强力构建的，因而极权需要以"推土机"先行，扫平一切障碍，传统就是它的最大障碍。反传统的启蒙主义文人以为他们在打碎枷锁，殊不知是在自毁长城。

5、传统还有一个重大的功能——潜移默化地塑造共同体成员的价值偏好与文化认同，所以传统又是民族国家无可替代的粘合剂。现在有一些山寨自由主义者标榜"价值中立"，乃至主张"文化相对主义"，如果以这种"山寨自由主义"的原则来构建国族共同体，它必定是脆弱的，很容易就会因为文化认同与价值观的碎片化而溃散。设想一下，如果美国的基督教人口沦为少数，美国还能不能够自我维持？请记住，维系共同体的坚韧纽带来自传统的恩赐。

【我对传统的态度】

1、许多人见不得有人正面评价传统，质问道：你要复古吗？我的回答是：复古做不到，但可以修正一些对传统的黑色想象。国史并不是单向度的专制进化史，而是由若干组方向相反的力量在推动，比如君王的"家天下"本能与儒家的"公天下"理想；国家权力的社会控制与儒家士君子的社会构建……

2、又有人诘难：你太美化传统了。答曰：对历史阴暗面我并非不了解，也不认为传统的社会治理非常优良，其最大败笔是官府权力过于强盛，在官方压制下，社会权力无法充分发育。但尽管如此，从传统士绅到近代绅商的自治实践，从民间礼俗到社会自组织的延续与发展，我们依然可以发现优良社会治理的本土线索。

3、反传统的自由派与僭越的专制论者其实共享同一个逻辑：传统社会是所谓东方式专制社会，国人自古过着毫无自由的专制生活，因此毫无自由的经验。所不同者，自由派恨不得换掉中国人的文化传统乃至基因，认为唯其如此奴民们才懂得何谓自由；专制论者则借口国人没有自由经验，不适应自由，为专制的"合理性"、"必要性"背书。

【传统妨碍了近代化吗？】

1、下面是我十年前写的一段文字,相信能代表某种主流史观:"1840年是被史家定义为中国近代史肇始的一年,然而直至1860年之后洋务运动兴起,中国近代化才蹒跚起步,坐失了二十年良机,其后的近代进程也是一波三折,令人扼腕。所谓冰冻三尺,非一日之寒,晚清近代化之命运,可以从更早的历史渊源找寻其因由。"现在回过头来看这段文字,觉得是陈腔滥调。

2、我看过不少历史著作,都在试图从老早的历史渊源去找寻中国近代化之所以受挫的远因。蒋廷黻从通商与邦交史的角度,将中国近代契机的失落追溯到十八世纪末的乾隆朝,当年英国派遣马戛尔尼使团来华洽商邦交与通商事宜,遭到乾隆拒绝。蒋先生认为这是后来鸦片战争的历史远因,和平交涉之路既然行之不通,英人便寻求武力解决。

3、黄仁宇则从财税史入手,认为明王朝内向的财税制度已经预设了传统中国近代化的技术障碍:"明朝采取严格的中央集权,施政方针不着眼于提倡扶助先进的经济,以增益全国财富,而是保护落后的经济,以均衡的姿态维持王朝的安全。这种情形,在世界史实属罕见,在中国历史上也以明代为甚,而其始作俑者厥为明太祖朱元璋。"[①] 黄仁宇说对了吗?

4、尽管不少学者都相信十六世纪的晚明已经产生了"资本主义萌芽"(这个概念是不是很俗套?),如果没有帝国主义的入侵和压迫,中国也可以自发向近代过渡。但黄仁宇并不认同这一论断,他认为明代政治既无组织商业之能力,亦不会容忍私人财

[①] 黄仁宇《万历十五年》自序

富扩充至不易控制的地步,累及王朝的安全。但黄仁宇该如何解释晚明为什么会有不俗的经济表现与社会发育呢?

5、汉学家刘子健对中国社会"反近代"传统的寻溯走得更远,追溯到十二世纪南北宋的一场政治文化转型。宋代出现了成熟的文官制度、繁荣的市民文化、稳定的市民阶层以及发达的商业与手工业,还有纸币,被美国汉学家描述为"近代初期"。然而,刘子健说,"近代后期并没有接踵而来,甚至直到近代西方来临之时也没有出现"①。

6、刘子健认为,发生在南北宋之交的内向转型,塑造了传统中国与近代因素格格不入的历史宿命。由于王安石的财政扩张政策被认为是导致北宋亡国的祸根,到了十二世纪的南宋,中国文化"变得前所未有地容易怀旧和内省,态度温和,语气审慎,有时甚至是悲观。一句话,北宋的特征是外向的,而南宋却在本质上趋向于内敛"。晚清对近代化的抗拒,是一个内向国家的自然反应。

7、不管是将"反近代"的传统因素追溯到乾隆时代老大帝国的颠顶,还是从明代的内敛型财政、两宋之际的内向转型找寻原因,都暗藏着一个预设的判断,即认为启运中国近代化的唯一动力源在西方,中国本身的传统则抗拒这样的近代化——西化。其实这就是费正清"冲击—回应"论的变种。而我想说,这种看法需要修正。

---

① 刘子健《中国转向内在》,江苏人民出版社,2002年。

【修正冲击—回应模型】

1、费正清的"冲击—回应"模型论[①]，即认为传统中国只能在西方冲击之下激起反应，被动实现近代转型，用来分析晚清变革，似乎很有解释力。不过，如果我们将历史时段拉得更长，比如将汉初自由经济的萌芽纳入视野，则有个问题可以提出来：一个文明体经过漫长发展，假如不是因为某种意外的力量横生变故（比如出现一个汉武帝），能不能自发形成更符合人类自由天性的秩序？

2、抛开遥远的历史假设不谈，看看晚清的历史，我认为"冲击—回应"论也未必能够精准地解释近代中国的现代化转型。来自西方的"冲击"当然存在，而且确实对当时的儒家士君子产生了强大刺激，就如明王朝由于专制而覆灭的命运也曾给明末儒家造成震撼性的"冲击"，从而引发三大儒对于皇权专制的深切反思，这样的反思，乃是基于儒家自由传统的积累与扩展。同样地，近代中国的现代化转型也具有内生于传统的驱动力。

3、先儒们设想了一个有着优良治理秩序的"三代"之世。当晚清的儒家看到西洋的政制与礼教时，突然有一种"似曾相识燕归来"之感，"三代"之治原来在这里啊。对儒家来说，出现在西方的治理秩序，并不是异己之物。他们对西政的艳羡，我认为，与其说是所谓的"冲击—回当"，不如说是"众里寻她千百度，

[①] 费正清的《美国与中国》、《中国沿海的贸易与外交：条约港口的开放》、《中国对西方的反应》等著作，都以"冲击—回应"论为分析框架。

那人却在灯光阑珊处"的主动追求与意外发现。

4、西学固然带来了"冲击",乃至提供了现代政体的镜像,但儒家本身也有构建现代治理秩序的动力、蓝图与经验,晚清至民初的现代化转型,既是开放的,也是内生的。而"冲击—回应"模型假设中国传统社会是一个停滞、缺乏内在驱动力的封闭型"死局",将外来的西方"冲击"当成近代社会变革的唯一动力源,这显然是失之偏颇的。

5、在中国漫长的政治、社会演进史中,不同政治势力经过长时段的博弈,发现绝对君权之危害,并萌生出政党政治、议会、立宪等旨在约束皇权专制的观念,这是不需要等到西方冲击来临就能够产生的事情——不要将中国传统社会想象成猪圈。事实上,对政党、议会、立宪功能的认识,在宋明儒家士大夫的政治观念里已经萌生出来,并且,儒家也一直在尝试推动它们的实现。

6、检索历史,我们会发现:中国传统社会中藏匿着三条很有可能发展出一个现代治理框架的演进脉络:一、宋儒为朋党正名→明末士大夫"明目张胆"地结党→清末政治性党社如雨后春笋般冒出→政党政治;二、儒家虚君思想→明末王船山先生提出"虚君立宪"→清末立宪确立为新政目标→虚君宪政;三、儒家的清议传统→明末梨洲先生设想"学校议政"→清末设立资政院→议会政治。

7、再检索历史,我们还会发现另外三条指向现代公民社会构建的发展脉络:一、儒家的"仁里"理想→宋明士绅建造宗族、乡约、社仓→清末的乡约复兴→社会(乡村)自治;二、明代的绅商融合→绅商构建之公馆、公所与商会→由工商行业自治扩展开的清末市镇自治→社会（城市）自治；三、"处士横议"之传统→明末的"邑议制"→清末南学会等地方议会雏形→地方（省域或县域）自治。

【"有机社会"与"无机社会"】

1、我想用"有机社会"、"无机社会"这样的概念，来说明传统的自发秩序与自生组织，对于现代公民社会的构建具有无可替代的支撑作用。一个健全、有力的社会，必定是由各种自生组织与自发秩序联结而成，此即所谓"有机社会"。中国的传统社会具有丰富的自组织、庞杂的礼俗系统，已形成了"有机社会"，它只需要转个身，便完全自然而然地转型为现代公民社会。"无机社会"则是所谓的"一袋马铃薯"，它因为缺乏联结而非常脆弱，距离公民社会如隔天堑。

2、激进的"五四"启蒙将领们坚持认为，诸如宗族、家族、行会、礼俗、宗法等传统社会的自生组织与自发秩序，都是"现代公民"的大敌，只有将它们全部摧毁、瓦解、铲除，才能有个人之解放、公民之诞生。启蒙运动的努力将传统的"有机社会"改造成为了"无机社会"，其结果，就如法学学者梁治平所言："它最终并没有实现任何有关个人解放的诺言，相反，随着'宗法社会'的彻底瓦解，不仅社会消失了，个人也不复存在。国家取代了一切，吞噬了一切。"

【香港的路径】

香港在近代被外邦侵占,不过英国获得对香港的管辖权之后,便宣布华人仍依当地习惯治理,延用《大清律例》的部分法例,1970年代港英政府才将参照大清律例的法例重新编写成为成文法,直到今天,部分清律及中国习惯法,在香港仍是有效的法律。香港社会在近代化的过程中也未遭受革命性的改造。二三十年代,在内地知识分子急于"打倒孔家店"之际,港人则在恭祝孔诞,以致鲁迅先生去了一趟香港,还感叹香港"粗浅平庸到这地步"。但是鲁迅可能想不通的是,尊重传统的香港社会反倒是更顺利地融合了西方文明,水到渠成地实现了现代化。

【美国是一面镜子】

1、一些中国人取笑美国人没有历史。殊不知今日的美国,不管是其社会传统,还是政治制度,还是法律渊源,可以追溯到殖民地时期乃至英伦的古老传统。而今日的中国有历史吗?没有了。不管从社会结构,还是从法律渊源,不管从治理体制,还是从文化面貌来看,能往后追溯一百年吗?都是完全割断了传统而全新构建出来的东西。

2、美国是第一个看起来似乎是依据孟德斯鸠"三权分立"完美理论构建出来的国家。美国的横空出世,容易让人(特别是中国人)产生一种错觉:以为现代治理秩序是模拟完美理论构建出来的。但实际上，美国的制度渊源，与其说是孟德斯鸠理论，毋宁说来自英国传统，包括新教传统、贵族精神、普遍法法系、独立的司法与自治的社会等。[1]

3、儒家及儒家所代表的传统、礼俗、士绅精神，将构成中国社会实现现代转型的根基。许多自由派朋友会这样反问：扯淡！英美没有什么儒家，不也搞出自由政制了吗？这样的反问其实暴露了他们对自由秩序及其演进史的认知的双重缺陷。英美自有它们的传统，基督教、普通法、议会贵族，同样构成了英格兰自由秩序的根基。

【社会复兴路线图】

兴儒学，造士绅；建社会，行自治；分权力，制有司；立宪则，保自由。这是我的社会复兴路线图。我此说有层层递进之意，即复兴儒学为再造士绅之基础，士绅君子为重建社会、践履自治之领袖，社会自治为制衡国家权力利器之坚盾，最终目标则为达成现代治理，保有自由。

---

[1] 参见托克维尔《论美国的民主》

后　记

这本小书是"织围脖"织出来的副产品。

微博在中国的兴起，为包括我在内的数亿网民提供了一个即时发言并与他人即时交流的公共平台，因其"短平快"，又富有互动性，很多人每天都以"织围脖"为乐。我便是这样。开通微博两年来，共发布了8000多条帖子，绝大多数为原创，至少有一半数量是在讨论中国传统与历史的话题。

回头去看，会发现我这些讨论传统与历史的微博，大体上都是围绕着两个主题：一是阐述我对中国历史与传统的基本判断——中国三千年文明史，并非完全是一部专制史，更蕴含着我们祖先追求自由与自治的历程、经验、思想，我将这总结为中国传统中的自由线索，只可惜在我们常见的革命叙事与启蒙话语中，这条自由线索被遮蔽了。我认为我们有责任将这条自由线索整理出来，呈现出来。

我微博的另一个主题则是阐释传统对于一个社会实现现代转型的意义。现代社会不是在废墟上平地而起的，而是在传统的积累上生长出来的。最近一百年来，中国社会转型的一个最大教训便是，以为传统是现代化的挡路石，以为只有铲除了这块"挡路石"，现代化才能够到来。但历史却证明，那是虚妄的。结果现代化尚未来临，社会的根基已经支离破碎。如今，越来越多的人开始意识到重建传统的重要性了。

这两个主题，我在微博上反反复复地说，加起来已有数十万言。有一天我翻着自己的微博，心想，何不将这些零零碎碎的言说整理出来，集纳起来，结成集子？但到动手整理时，才发现"工程浩大"。因为微博上的言说，是鸡零狗碎的，是即兴发表的，有些观点只有简简单单一句话，有些观点又表达了三四遍，还有些观点又缺乏深思熟虑，经不起推敲。何况，将这些思想的碎片一条一条从数千条微博中找出来，也是一件比写作更乏味的事。

现在呈现在诸位面前的这些文字，是在原微博基础上经过大量的修订、更改、重写与增补而成的，大部分文字并不曾在微博上出现过，表达的思想当然也要比原微博更有条理、更丰富了。

为了使整本书的内容显得更有系统性，我将全部文字分为六辑：第一辑是我对整个中国历史与传统的宏观勾勒，如果将中国历史比喻为一条长河，那么这一辑的文字大致就是站在高空中对这条历史长河的鸟瞰；第二、三、四、五辑，则是分别从思想观念、社会发展、经济生活与王朝政治四个侧面，对中国历史进行"切片观察"，每一辑大体上以时间先后为序，从先秦说到清末直至民国，这四辑又以同一条逻辑线索贯穿起来——"发现中国的自由传统"；第六辑则是一个总结，表达我所主张的对于传统所应秉持的态度，一言以蔽之，即我相信我们的传统中蕴含着自由，期待我们的自由传统得到修复、重建，希望在尊重传统的基础上构建我们的现代社会。

另外，我为本书撰写的长序《中国历史演进的自由线索》，颇让我有些敝帚自珍的感觉，这些文字基本上体现了我目前的史观。在序文里面，我提出了对汉学界中流传甚广的"冲突—回应"

模型论的修正，有心人可给予注意与教正。

在这个"快阅读"的时代，相比之长篇大论，我想这种片段式的文字可能更适合多数读者的胃口，同时，我也相信自己凝结在文字中的思想，尚值得品味，因而，本书文字虽然是片段式的，但我自信还有些"嚼头"。这也是一本可以从任何一节读起的书，因为各节文字是独立的，一节表达了一个完整的意思，但另一方面，这些文字又不是彼此孤立的，而是由内在的逻辑线索贯串起来。它们组合在一起，又表达一个更大的主旨。我想，这也是本书的一个小小特色吧。希望您能喜欢。

这些讨论传统与历史的文字能够以这样的面目出现在读者面前，要感谢复旦大学出版社及李又顺先生的支持与督促，也要感谢那么多为小书作点评或推荐的学者、方家，他们的赞语让我愧不敢当，他们的批评更使我受益匪浅。

这两年，因为经常"织围脖"，有时候深夜还坐在电脑前，以致我的太太和女儿都有了意见。希望这本小书的问世，能够让她们有所宽慰。也感谢我太太和女儿对我创作的支持。在我整理、修订与增补本书文字的时候，我太太承揽了大量家务，我女儿给我枯燥的写字过程带来了乐趣。感谢她们。本书也献给她们。

本书中必然有不少错漏或谬误，由于我才识上的浅薄，未能发现它们，敬请读者指正。也欢迎关注我的微博：@尊儒者吴钩，http://weibo.com/nawu。

图书在版编目(CIP)数据

中国的自由传统/吴钩著. —上海:复旦大学出版社,2014.3
ISBN 978-7-309-10240-6

Ⅰ.中… Ⅱ.吴… Ⅲ.中国历史-研究-秦代~清后期 Ⅳ.K220.7

中国版本图书馆 CIP 数据核字(2013)第 301070 号

中国的自由传统
吴　钧　著
责任编辑/李又顺

复旦大学出版社有限公司出版发行
上海市国权路 579 号　　邮编:200433
网址:fupnet@fudanpress.com　http://www.fudanpress.com
门市零售:86-21-65642857　　团体订购:86-21-65118853
外埠邮购:86-21-65109143
浙江新华数码印务有限公司

开本 850×1168　1/32　印张 9.125　字数 199 千
2014 年 3 月第 1 版第 1 次印刷

ISBN 978-7-309-10240-6/K·464
定价:35.00 元

如有印装质量问题,请向复旦大学出版社有限公司发行部调换。
版权所有　　侵权必究